_____ 님께

_____ 드림

간호사, 다시 나를 돌보는 시간

첫째판 1쇄 인쇄 | 2025년 7월 1일
    1쇄 발행 | 2025년 7월 4일

저　　자 | 김옥수
발　행　인 | 모형중
편　집　인 | 간호사적응연구소
디 자 인 | 김미진
발　행　처 | 포널스
등　　록 | 제2017-000021호
본　　사 | 서울시 강북구 노해로8길22 3층
창　　고 | 서울시 강북구 노해로8길22 2층
전　　화 | 02-905-9671   Fax | 02-905-9670

ⓒFORNURSE 2025년, 간호사, 다시 나를 돌보는 시간
Copyright©2025 All RIGHTS RESERVED

본서는 지은이와의 계약에 의해 포널스 출판사에서 발행합니다.
본서의 내용 및 삽화 일부 혹은 전부를 무단으로 전재 및 복제하는 것은 법으로 엄격히 금지되어 있습니다.

www.fornursebook.com

📖 도서 반품과 파본 교환은 본사로 문의하시기 바랍니다.
　　검인은 저자와의 합의로 생략합니다.

ISBN 979-11-6627-652-1   93510
정　가　20,000원

간호사,

다시 나를 돌보는 시간

프롤로그

내일의 나를 준비하는 오늘

날이 저물면, 어둠의 그림자처럼 불편한 감정들이 마음속에 파고든다. 모두가 잠을 청하는 그 시간, 나는 부랴부랴 출근 준비를 한다. 종합병원 간호사의 삶에는 교대근무가 당연한 듯 배어 있었지만 그 당연함이 내겐 결코 당연하지 않았다. 수면과 각성의 리듬은 불규칙하게 뒤섞여 내 몸을 조여 왔고, 마음에는 척박한 땅처럼 금이 가듯 날카로운 균열이 내려앉았다. 나이트 근무가 연달아 이어지면, 몽롱한 정신에게 모든 걸 빼앗긴 채 병동을 떠도는 나와 마주했다.

인간적인 따스함은 어느새 희미해졌고, 불만을 쏟아내는 환자와 보호자 앞에서는 그나마 남아 있던 사명감마저 흩어졌다. 그 모든 것을 견디며 언젠가 주어질 보상을 기다렸지만, 앞길은 여전히 컴컴했다. 연차가 쌓여도 급여 인상 폭은 미미하거나 승진의 사다리는 너무 낮았다. 그제야 알았다. 병동에서 허락된 사다리는, 애초에 나를 위해 준비된 것이 아니었다는 것을. 그렇다면 허락되지 않은 사다리를 옆으로 눕혀보면 어떨까.

'간호사로서의 길은 이것뿐일까?'
'내가 정말 원하는 궤도는 무엇일까?'

탈임상을 꿈꾸는 간호사들의 이유는 제각각이다. 어떤 이는 몸이 망가져서, 어떤 이는 마음이 다쳐서, 또 어떤 이는 무너진 일상에서 벗어나기 위해서. 이유는 달라도 결국 하나의 질문으로 이어졌다.

'내가 더 나은 삶을 살고 싶다'는 간절함. 나 역시 이제는 내 궤도를 스스로 그려보고 싶었다. 선배들의 이야기와 온라인 커뮤니티에서 들려오는 동료 간호사들의 목소리에 귀를 기울였다. 보건교사, 간호직 공무원, 국민건강보험공단 심사간호사. 시험을 준비하려고 온라인 강좌를 결제했고, 그 금액만 해도 몇 백만 원대가 훌쩍 넘었다. 근무가 없는 날엔 책상 앞에 앉아 온갖 과목들을 뒤적이며 고군분투했다. 그 시간만 견디면 내 인생에도 언젠가 환한 빛이 스며들 거라 믿었다. 하지만 시험장에서 나를 마주한 건 초라한 실력이었고, 결과는 낯선 쓴맛이었다.

낭비된 시간 앞에서 수도 없이 몸서리를 쳤지만, 그 길 위에서 얻은 것도 분명 있었다. "그때로 다시 돌아가도, 나는 그 열정을 다시 다할 수 있을까?" 그 질문에 스스로 고개를 저을 수 있다면, 더는 미련이 남지 않은 것이다. 그때 나는 비로소 배웠다. 살면서 주어진 시간에 최선을 다하는 태도만큼은 결코 놓치지 말아야 한다는 것을. 무언가에 온 마음을 다해 몰입하며 걸어가는 모든 발걸음은 겉으로 드러나는 성취보다 내 안을 채우는 충만함을 위한 여정이어야 한다. 그 충만함이 완성되는 때는 저마다 다르지만, 결국엔 반드시 제 자리를 찾아간다. 그 믿음이 내 안에 자리 잡은 뒤, 나는 퇴사를 결심할 수 있었다. 정해진 길은 아무것도 없었지만, 내가 가장 아름답게 쓰임 받을 수 있는 곳을 향해 새로운 궤도를 만들어보고자 했다. 그렇게 여러 갈래의 궤도를 그리며 걷던 어느 날, '간호조무사 양성 강사'라는 또 하나의 이름을 만났다. 그때가 임신 3개월 차의 예비 엄마일 때였다. 강사라는 이름으로 궤도를 확장했고, 머지않아 요양보호사 양성 강사라는 이름도 얻었다. 그리고 깨달았다. 간호사로서의 길은 하나가 아니었고, 내 궤도는 반드시 내가 만들어야 한다는 것을. 궤도를 둘러싸고 있는 것은 마치 은하수 같았다. 그 안에서 아무리 많은 움직임이 일어나도, 결국에는 언제나 찬란한 궤적을 그려낼 수 있다. 어떤 상황이든 충돌은 피할 수 없는 운명임을 받아들일 수 있다면, 산산조각이 나더라도 그 선택만큼은 늘 빛나게 옳은 것이 된다. 스물일곱, 출산을 세 달 앞둔 상황에서 요양보호사 강사로서의 발걸음은 이렇게 시작되었다. 나를 기다리고 있던 것은 팔짱을 낀 채 어린 강사를 바라보는 인생 선배들의 묵직한 시선이었다. 그들 앞에서 흔들리지 않을 '구세주' 같은 무언가를 간절히 찾아 헤맬 수밖에 없었다. 출산을 앞둔 간호사를 채용해 줄 곳은 그 어디에도 없다는 것을 알고 있었기 때문이다. 물러설 수 없다면, 다시 한 번 열정을 불태워 볼 힘을 내보자는 심정이었다. 그 구세주를 찾아 치열하게 준비했던 시간, 그 안에서 길어 올린 이야기를 이제 꺼내어 보려 한다.

 요양보호사 양성 교재는 보건복지부 주관으로 집필된, 국가가 인정한 교과서다. 우리나라 노년을 가장 깊이 있게 이해하고 있는 전문가들이 연구진으로 참여했고, 지금도 수많은 예비 요양보호사들이 이 책을 통해 노년의 세계를 공부하고 있다. 그 안에는 노화로 인한 신체적 변화뿐 아니라 심리적, 사회적 변화까지 고스란히 담겨 있다. 그 변화에 따른 적합한 돌봄의 방법, 그리고 노후 삶을 지켜주는 제도적 장치들도 정돈된 구조로 엮여 있다.

 그 방대한 내용을 나는 읽고 또 읽으며 탐독했고, 삶의 언어로 바꾸기 위해 분석하고 되새겼다. 직접 살아보지 못한 노년을 강의하려면, 적어도 그 세계를 '이해하려는 노력'은 선행되어야 한다는 생각에서였다. 젊다는 이유로 부족할 수 있는 신뢰를, 정직한 공부와 반복된 실천으로 채우고자 했다. 교과서의 지식을 넘어, 돌봄을 삶으로 풀어낼 수 있는 사람이 된다면 나는 당당히 이 강단에 설 자격이 있다고 믿었다.

 그렇게 교재 속 문장 하나하나를 붙잡고 의심하고 해석하며, 삶에 적용하는 여정이 시작되었다. 단어 그대로를 읽기보다는, 그 단어가 왜 거기에 있었는지를 물었고, 낯선 개념이 나오면 연관 도서를 찾아 읽었다. 시험을 위한 지식 전달을 넘어, 나의 삶에도 적용 가능한 혜안을 얻기 위해 사색하는 시간도 게을리하지 않았다. 삶에 직접 옮겨보기도 했다. 돌봄의 기술이 아닌 돌봄의 태도를 익히기 위해서였다. 책 속에 담긴 정답이 반드시 내 삶의 정답은 아닐 수도 있다는 전제에서 출발했다. 그래서 나는 실천하고 부딪혀보며 내 나름의 답을 찾기 시작했다. 그 과정은 늘 매끄럽고 정답처럼 흘러가지는 않았다. 때로는 교재와 충돌했고, 때로는 나 자신과 충돌했다. 그러나 바로 그 충돌들이 내 강의에 진짜 온기를 더해주었다.

이 책은 그 여정의 기록이다. 지식을 삶으로 옮기는 일, 돌봄을 철학으로 풀어내는 일, 그리고 자격증 공부를 넘어 노년을 준비하는 진짜 공부에 관한 이야기다.

건강은 '골고루'보다 '선택적 편식'으로 관리하고 있다. 건강에 좋다는 것을 찾아 챙기는 것도 중요하지만, 오히려 해가 되는 것들을 하나씩 줄이며 식단을 단순하게 구성하는 것이 더 큰 효과를 가져왔다. 두 번의 임신성 당뇨를 겪었고, 30대 후반 셋째 아이를 낳은 후에는 안면신경마비(口眼喎斜)까지 진단받았다. 그때부터 삶의 방향이 바뀌었다. 요양보호사 양성 교재 속 영양관리, 약물관리, 운동관리 항목들을 하나씩 내 삶에 적용했고, 지금은 그 덕분에 훨씬 단단한 건강을 유지하고 있다.

마음은 무장지대처럼 조심스럽고 단단하게 다지고 있다. 노년에 찾아올 심리적 변화를 교재를 통해 미리 마주하며, 어떤 감정은 닮아가야 할 것이고 어떤 감정은 경계해야 할 것인지를 구별할 수 있게 되었다. 도전하는 삶의 태도를 다시 붙잡았고, 세월이 입힌 검은 잉크를 지워내며 나만의 색채를 선명하게 찾아가고 있다. 이제는 그 색채를 다음 세대에게 어떻게 물려줄지를 고민하며 살아간다.

관계는 '비무장지대'를 유지하며 충돌을 예방하는 방식으로 정리하고 있다. 머지않아 나에게도 갱년기가 찾아올 것이다. 호르몬 불균형으로 배우자와의 관계가 멀어지는 부부들을 현장에서 수없이 보아왔다. 그래서 나는 반대로 살아보기로 했다. 서로를 이해하기 위해 역할을 바꾸고, 거리를 조절해본다. 자녀와의 분리로 찾아오는 '빈둥지 증후군'도 마찬가지다. 당당히 독립을 선언할 수 있도록 내 안의 용기를 매일 조금씩 키워가고 있다.

    노후자금은 '적게, 그러나 정확하게' 준비하고 있다. 2008년부터 시작된 노인장기요양보험제도는 우리나라 노후 삶의 최소한을 보장하는 장치다. 소득과 무관하게 등급을 받으면 누구나 서비스를 받을 수 있지만, 정작 이용을 위해서는 본인부담금이라는 경제적 장벽이 존재한다. "노후자금은 많을수록 좋다"는 말을 부정하지 않는다. 그러나 현실적인 기준이 필요하다. 나는 제도를 제대로 이용하기 위해 필요한 비용을 계산해보고, 그 액수에 맞춰 '본인부담금 통장'을 따로 만들었다. 그것이면 충분하다고 믿는다.

    요양보호사를 꿈꾸며 찾아오는 수강생들이 모두 이 직업에 맞는 것은 아니다. 하지만 교재에서 말하는 직업윤리와 자기계발 항목은 모든 직업군에게 적용되는 보편적 가치다. 그 공통점을 하나씩 내 삶에 장착하다 보면, 어떤 일을 하더라도 자신 있게 시작할 수 있다. 그런 자신감이 나를 강단에 세웠고, 지금까지도 이 자리를 지켜내게 만들었다.

    노인이라는 말에 자연스럽게 따라붙는 두려움 중 하나는 '치매'다. 걸리지 않겠다고 장담할 수는 없다. 하지만 치매는 질병이다. 질병이라면 예방이 가능하다는 뜻이기도 하다. 그래서 나는 열심히 논다. 열심히 행복해지고, 열심히 아름다워지려 애쓴다. 내가 직접 강의하는 수업 중에는 '가장 신나게 놀았던 때로 돌아가는 시간'이 있다. 모두가 그 시간과 마주할 때 진짜 웃음을 찾는다. 나도 마찬가지다. 강의 중 그 시간이 가장 기다려지고, 가장 나다워지는 시간이다.

이렇게 살아오다 보니 애타게 찾던 '구세주'는 어느새 내 삶의 동반자가 되어 있었다. 무례하게 팔짱 낀 시선은 자연스레 거두어졌고, 나는 더 이상 불안 속에서 흔들리지 않는다. 17년이 지난 지금도 여전히 나이 경쟁에서는 학생들에게 질 수밖에 없다. 하지만 이제는 그 누구도 나를 얕잡아보는 눈빛으로 바라보지 않는다. 구애작전은 성공했다.

이제 나는 노년이 두렵지 않다. 그 이유는 망상이 아닌 '현실에 기초한 상상'을 하기 때문이다. 망상은 실체 없는 불안을 키운다. 하지만 나는 이미 교재를 통해, 그리고 삶을 통해 노년의 현실을 정확히 배웠다. 그 위에 내 삶을 짓고 있다. 예측할 수 없는 두려움이 아니라, 대비 가능한 기대를 품은 상상이 나를 이끈다.

노년은 단지 쉼이 있는 시간이 아니다. 쉼과 함께 '새로운 도전'이 있어야 한다. 지금의 은퇴는 끝이 아니라 또 다른 출발점이다. 우리는 은퇴 후에도 30~40년을 더 살아가야 한다. 그런데 그 시간을 어떻게 살아야 할지, 누구도 제대로 가르쳐주지 않았다. 그래서 나는 이 책을 쓴다. 노년 준비 교육이 왜 필요한지, 삶의 경험과 교과서 지식이 어떻게 만날 수 있는지 보여주고 싶었다. 요양보호사 자격증을 따기 위해 시작한 걸음이 단지 '취득'으로 끝나지 않기를 바란다. 자신의 노년을 어떻게 살아갈지 고민해보지 않은 사람에게, 과연 누가 마음을 열고 돌봄을 맡기고 싶겠는가.

    지금까지 만 명 가까운 제자들을 만나왔다. 그중 가장 아쉬웠던 건 자격증 취득으로 여정을 마무리한 사람들이었다. 현장에서 요양보호사로 일한다면 더없이 좋지만, 설령 그렇지 않더라도 교육 내용을 자신의 삶에 적용해 '준비된 노년'을 맞이할 수 있다면 그 또한 의미 있는 변화다. 이 책은 그 변화에 관한 기록이다. 그리고 같은 길을 걸어가는 여러분께, 마음을 담아 전하는 응원이다.

목차

프롤로그　　　　　**내일의 나를 준비하는 오늘**

1장 몸 건강은 편식주의자 ：**다양함 보다 일관된 기준** ·15

- 나를 살려 낸 물 ·16
- 골고루 와의 작별인사 ·21
- 뻔뻔하게 나를 살리는 음식 ·28
- 혀는 가장 예민한 심판자 ·34
- 비워지는 속도로 살아가기 ·40
- 진짜 나다움을 입는 날 ·47
- 수수께끼 같은 처방전 ·54

2장 마음은 무장지대 ：**감정이 다치지 않는 마음의 안전 구역** ·60

- 긴 행군 ·61
- 스크래치 북 ·68
- 작은 연습 ·74
- 관용의 그릇 ·79
- 오답노트 ·84
- 변수가 피어나는 자리 ·89
- 도피성 쌓기 ·94
- 바래지 않는 기억 ·100

3장 관계는 비무장 지대 ： 적당한 거리에서 마음을 내어주는 연습 ·106

- 뒤 바뀐 마음의 풍경 ·107
- 다정한 호기심 ·114
- 너희 집 비밀번호 ·119
- 전화기 너머의 마법 ·125
- 오래 된 애정 한 방울 ·130
- 불편의 주인을 찾는 시간 ·136
- 천천히 발견 되는 진심 ·142
- 세월을 끌어안는 힘 ·148
- 포개어 가는 하루 ·153

4장 노후자금은 과유불급 ： 삶을 지탱하는 돈, 삶을 완성하는 직업정신 ·159

- 통장 속 작은 안심 ·160
- 비워야 손에 잡히는 것들 ·166
- 내 안에 남는 마지막 웃음 ·172
- 오해는 이제 그만 ·177
- 진짜 실력 ·182
- 흔들림 없는 본 타이어 ·187
- 내가 아닌 너의 중심 ·192
- 예의 너머의 시간 ·197
- 우주 같은 돌봄의 마음 ·202

5장 뇌 건강은 순수주의자 ： 잊지 않으려, 더 맑아지려 ·208

- 먼저 걷는 용기로 피어난 길 ·209
- 웃음이 머물던 그 시절, 그 자리 ·215
- 잊혀진 나를 깨우는 흑연의 선율 ·220
- 삶으로 이어지는 통화 한 장 ·226
- 사랑을 그리는 법 ·231
- 느린 손끝으로 전하는 마음 ·237
- 소름이라는 감정의 언어 ·242
- 이름이라는 창고 ·248

에필로그 지나온 모든 시간을 끌어안으며 ·253

1장

몸 건강은 편식주의자
: 다양함 보다 일관된 기준

나를 살려낸 물

"아프지 않으면 결국 죽는다. 아프니까 산다."

건강의 소중함은 잃어봐야 비로소 깨닫게 되는 것 중 하나다. 어쩌면 우리는 끊임없이 병을 앓고 있기 때문에 살아 있는지도 모른다. 병이 있으면 몸을 조절하게 되고, 욕심도 절제하게 된다. 삶의 우선순위가 자연스레 건강으로 향하기 때문이다.

내게는 38살에 찾아온 셋째 아이의 임신이 그랬다. 첫 임신에 이어 다시 임신성 당뇨 진단을 받으면서, 여러 우여곡절을 겪어야 했다.
출산 후 약 50일쯤 되었을 때, 안면신경마비(구안와사)가 찾아왔다. 안면 한쪽의 감각이 마비되었다. 몸이 아프면 인간은 자유를 빼앗긴다. 나는 모유 수유를 계속하고 싶었지만, 스테로이드 치료제의 복용으로 단유 하라는 처방을 받아야 했다.

모유가 가장 왕성하게 분비되는 시점에 강제로 조절하는 과정은 순리를 거스르는 일이었다. 젖이 차오르는 시간마다 밤낮을 가리지 않고 유축기 앞에 앉아야 했고, 그 고통을 호소할 언어조차 마비된 얼굴은 잃어버렸다. 울어도 슬퍼 보이지 않았다. 내 안면은 감정마저 표현하지 못했다.
그때부터 쓸데없는 욕심을 하나씩 지워가기 시작했다. '모유 수유는 엄마의 의무'라는 생각을 지웠고, '아이를 반드시 내가 돌봐야 한다'는 책임감도 내려놓았다. 분유를 먹이게 된 아이에 대한 미안함도 덜어냈다. 그렇게 욕심을 덜어낸 자리에 남은 건, 감각을 잃은 내 얼굴 하나였다.

그 마비가 회복되지 않으면 평생 비뚤어진 입으로 살아가야 할지도 모른다는 현실 앞에서 나는 생각했다.
"나는 안면신경마비 환자다."

인정을 해야만 다음을 준비할 수 있었다. 인정하지 못하면 반복해서 떠오르는 질문들이 있다. 왜 하필 나일까? 임신하지 않았다면 달라졌을까? 내가 뭘 잘못했나? 이런 생각들은 빨리 인정할수록 멀어지기 마련이다.

요양보호사 양성과정에서 건강관리 수업을 하며 나도 인정하게 된 사실이 있다. 인간은 결국 '먹는 대로 반응하는 동물'이라는 것이다. 아무리 복잡한 존재라 해도, 결국은 먹은 만큼 건강해질 수 있다.

인정은 곧 '어떻게 살 것인가'를 찾아가는 시작점이다. 의사가 진단을 통해 약을 처방하듯, 우리는 자기 자신에게 습관과 실천을 처방해야 한다. 두 처방이 조화를 이루면 건강은 유지될 수도, 회복될 수도 있다.

그 실천을 고민하던 중 머릿속을 스친 그림이 있었다. '식품구성자전거'. 요양보호사 수업 중 소개되는 영양 관리의 핵심 도구다.

식품군별 대표 식품과 섭취 횟수를 통해 일상에서 영양 균형을 쉽게 맞출 수 있도록 돕는다.

이 자전거의 앞바퀴에는 '물'이 그려져 있다. 뒷바퀴에는 곡류, 고기·생선·달걀·콩류, 채소, 과일, 유제품이 고루 배치되어 있다. 물은 식품은 아니지만, 그 중요도에서 어떤 식품에도 뒤지지 않는다. 그래서 단독으로 앞바퀴에 배치된다.

두 바퀴가 제대로 굴러야 자전거가 나아가듯, 우리 몸에서도 '물'과 '음식'이 균형 있게 작동해야 건강을 유지할 수 있다. 나는 먼저 앞바퀴, '물'에 집중하기로 했다. 건강 정보에서 빠지지 않고 등장하는 문구가 있다. "매일 8잔 이상의 물을 마셔 노폐물을 배출하세요." 하지만 요양보호사 교재 속 자전거는 하나를 더한다.

"그냥 물이 아니라, 건강한 물을 마셔야 합니다."

세계보건기구(WHO)는 하루 1~2리터의 물 섭취를 권장한다. 하지만 단순히 양만 중요한 것이 아니라, 물의 '성분'과 '섭취 방식'도 중요하다. 물에는 칼륨, 마그네슘, 칼슘 등 미네랄이 들어 있다. 이 미네랄은 인체 구성 성분 중 3.5%밖에 되지 않지만, 우리 건강을 좌우하는 핵심 역할을 한다. 다른 영양소의 대사를 돕고, 면역력을 강화하며, 세포 기능을 촉진한다.

하지만 모든 물이 같지는 않다. 생수도 제각각이고, 정수기 방식에 따라서도 성분이 다르다. 특히 역삼투압 방식의 정수기는 미네랄까지

완전히 걸러내어 증류수 같은 물을 만들어낸다. 이런 물로 화초에 물을 주거나 어항을 채우면 생명이 금방 시들고 만다. 사람도 예외가 아니다.

그 대안으로 떠오른 것이 '해양 심층수'다. 미네랄이 풍부한 대표적인 물이다. 하지만 가격이 비싸고, 매번 사서 마시기에는 번거롭다. 그래서 선택한 방법이 바로 '미네랄워터'를 직접 만들어 먹는 것이다.

채소나 과일이면 충분하다. 냉장고 속 자투리 채소도 좋고, 좋아하는 과일을 활용해도 된다. 나는 레몬을 선택했다. 비타민 C가 풍부하고, 구연산은 노폐물 제거와 피로 회복, 피부 미용에도 좋다. 무엇보다 보관이 쉽고 간편하다.

굵은 소금으로 레몬 껍질을 문질러 흐르는 물에 깨끗이 씻는다. 껍질째 넣으면 향도 풍부하고, 물속에서도 쉽게 무르지 않아 좋다. 슬라이스한 레몬을 찬물에 넣어 냉장 보관하고, 외출할 땐 물병에 담아 가지고 다닌다. 그렇게 나는 매일 레몬 미네랄워터를 마신다.

오늘도 내 몸 안의 자전거 앞바퀴는 멈추지 않고 굴러간다. 건강은 이렇게 작은 실천에서 시작된다.

골고루 와의 작별인사

"잠시 따끔합니다. 조금만 참으세요."

혈당체크를 해야 하는 환자 앞에서 간호사가 하는 말이다. 당뇨라는 병을 경험해보지 못했던 나는 공감 보다 의무감을 앞 세워 일했던 때가 있었다. 그러나 임신성 당뇨 진단을 받고 식후 1시간, 식후 2시간 씩 하루에 6번의 자가 혈당 체크를 하다 보니 조금만 참으라는 말은 위로가 되지 않는다는 것을 알았다. 란셋(채혈 바늘)이 손가락을 한 번만 찌르면 혈당체크는 완료된다. 그런데 그 한 번을 위해 체크기 버튼을 누를지 말지는 몇 십번을 고민한다.

"잠시 따끔할 텐데 그래도 많이 무서우시죠?" 이렇게 말해주는 것이 오히려 위로가 되는 말이었다. 이 말을 내 자신에게 하루에 6번씩 해주며 지냈던 날이 꼬박 90여일 정도다.

임신성 당뇨진단을 내린 산부인과 의사는 식사일지와 혈당검사 결과지를 작성해서 다음번 진료 때 가져오라는 처방을 했다. 하루 종일 먹은 음식을 매끼니 별로 적고 혈당을 체크해야 한다. 어떤 음식을 어느 정도 먹어야 하는지 구체적인 식단은 알려주지 않았다. 당뇨는 산부인과 질환이 아닌 내과질환이다. 이처럼 전공 파트가 다른 이유도 있겠지만 아직까지 우리나라에서 식단을 작성해서 처방을 주는 의사는 많지 않다. (기능의학을 주목하는 의사라면 몰라도)

기능의학은 증상완화를 위한 치료의 관점이 아니라 '원인제거'에 둔다. 몸의 내부 환경을 건강하게 만들기 위해 영양섭취와 해독의 중요성을 강조하며 탄생한 요법이다. 나 역시 간호사이지만 기능의학을 알게 된 것은 그리 오래 되지 않았다.

임신성 당뇨 산모는 일반 당뇨환자처럼 구강혈당강하제를 복용할 수 없다. 혈당이 조절되지 않으면 인슐린을 주사제로 자가 투여해야 한다. 인슐린 투여까지 이르지 않기 위한 방법을 찾아보다가 알게 된 것이 기능의학이다. 약물 치료는 한계점이 있기에 영양섭취에 대한 공부를 할 수밖에 없었다. 이때 머릿속에 스쳐간 것이 요양보호사 양성교재에서 언급하는 식품구성 자전거다. 이 자전거는 나에게 또다시 깨달음을 던져주었다.

"골고루 먹으면 안 돼. 철저히 편식해야지."

영양적으로 균형 잡힌 식사를 위해서는 다양한 식품을 골고루 섭취해야 하는데 왜 편식을 하라는 것이지? 처음에는 이런 의문이 들었다. 의문을 풀어가기 위해 여느 때처럼 단어를 가지고 사색에 들어갔다.

무한대는 자유가 존재하는 대신 선택의 책임을 져야 한다. 다양한 식품을 골고루 먹으라는 말처럼 자유로운 것이 없다. 그런데 명확한 기준 없이 다양하게 골고루 먹다가 병에 걸리는 것은 본인이 책임져야 할 몫이다.

자전거 뒷바퀴에 배치된 5가지 식품군(곡류군, 고기, 생선, 달걀, 콩류군, 야채군, 과일군, 유유 및 유제품 군)을 모두 골고루 먹어야 하는 것은 맞다. 그러나 각 식품별로 질병에 맞게 선택의 기준을 가지고 있어야 한다. 나는 임신성 당뇨 산모였기에 알아 두어야 할 기준이 "식품별 당질 함유량"이다.

당을 섭취한 후 혈당이 상승하는 속도를 수치로 나타내는 혈당 지수 표를 이용하면 건강한 당질을 선별할 수 있다. 5가지 식품군마다 지수가 낮은 식품을 섭취해야 혈당 조절에 도움이 된다. 포도당 100을 기준으로 작성된 지수이니 50~55이하의 식품 안에서 골고루 먹으라는 말이다. 철저한 편식에 담긴 의미다.

혈당지수	곡류군	고기, 생선, 달걀, 콩류군	채소군	과일군	우유 및 유제품 군
100	식빵(93) 떡(85) 우동(85) 흰밥(86) 라면(73) 현미(56) 호밀(55) 통밀(50) 보리(50)	으깬 팥소(78)	감자(85) 고구마(61) 당근(80) 옥수수(75) 호박(65) 밤(60)	수박(72) 파인애플(65) 바나나(55) 포도(50)	연유(82) 아이스크림(65)
50		두부(46) 팥(45) 청국장(33) 돼지(46) 닭고기(46) 고등어(40) 오징어(40) 콩(18) 다시마(17) 미역(16)	마늘(49) 양파(30) 토마토(30) 버섯(29) 생강(27) 양배추(26) 무(26) 오이(23) 콩나물(22)	복숭아(41) 감(37) 사과(36) 배(32) 키위(32) 자두(34) 오렌지(31) 자몽(31) 딸기(29)	생크림(39) 크림치즈(33) 요구르트(33) 가공치즈(31) 버터(30) 우유(26)
0					

나의 편식은 이때부터 생긴 습관이다. 혈당 지수 표를 냉장고에 붙여놓고 임신기간을 보냈다. 곡류 군에 해당하는 쌀을 마음대로 먹을 수 없는 것이 가장 힘든 일이었다. 혈당이 정상범위를 넘지 않는 범위의 쌀이 어느 정도 인가를 확인하기 위해 저울에 무게를 재기도 했다.

골고루 와의 작별인사

그렇게 찾은 쌀로 도시락의 한쪽을 채웠다. 곡류군 외에 나머지 식품군도 혈당지수가 낮은 식품을 하나씩 찾아갔다. (식품을 먹고 혈당체크를 통해 가능여부와 양을 점검한다.)

임신 기간 동안 가장 많이 먹은 것이 콩과 토마토다. 일주일 마다 5kg의 방울토마토를 한 박스씩 먹었고, 검정콩을 튀겨서 봉지에 담아 간식으로 먹었다. 빵을 좋아하는 사람이지만 먹을 수 있는 빵이 호밀빵 외에 없었다. 한 덩어리를 구매해서 여러 등분을 내고 냉동실에 넣어 한 조각씩 꺼내 먹으며 갈급함을 해소했다. 눈물 젖은 빵 맛이 어떤 맛인지 그때 조금 느껴봤다. 한 끼 식사용으로 준비해둔 식탁의 음식을 허락 없이 먹어버린 남편에게 온갖 소리를 지르며 구박하던 옹졸한 사람이기도 했다.

많은 우여곡절의 과정을 견디며 출산을 향해 갔다. 다행이도 임신기간 동안 혈당이 정상범위를 벗어나 건강에 문제가 발생한 적은 없었다. 뱃속 태아도 거대아(보통 4kg 이상일 때)가 아닌 3kg의 정상 몸무게로 출산했고, 지금은 당뇨 없이 정상인이 되었다. 임신성 당뇨는 출산과 함께 혈당수치가 정상으로 돌아오는 경우가 대부분이다. 의사도 알기에 출산 후 흰밥과 미역국을 제공한다. 세상에서 그렇게 맛있는 밥은 처음 먹어봤다. 쌀 한 톨 남기지 않고 모두 먹었고, 가장 먹고 싶었던 크림빵을 세 개 씩이나 한 번에 먹는 진기한 장면을 연출하기도 했다.

그러나 편식의 습관은 여전히 유지하고 있다. 임신성 당뇨를 경험한 산모는 중년기 이후 당뇨에 걸릴 확률이 50%나 높다. 그래서 내가 선택한 것이 까탈스러움이다.

매일 출근 할 때 마다 도시락을 준비한다. 밥뿐만 아니라 과일도 한 종류씩 매일 챙긴다. 더불어 쓰레기통에 집어넣을 만큼 보기 싫었던 콩은 다시 옆을 지키는 짝꿍 음식으로 데리고 왔다. 외식의 횟수도 줄였다. 가끔은 나를 제외한 나머지 가족들만 외식을 한다. (외식만큼은 외톨이로 살기를 자초했다.)

무엇보다 먹는 음식의 종류가 단순해졌다. 건강에 좋은 음식을 찾아다니지 않는다. 오히려 몸에 해가 되는 음식을 하나씩 줄여간다. 음식도 더하기가 아닌 빼기의 공식이 적용 될 때 건강해질 수 있다는 것을 알았다. 먹을 것이 부족해서 건강을 잃는 것이 아니라 먹을 것이 넘쳐나기 때문에 건강을 잃는다는 것을 명심해야 한다. **음식은 필요를 채우기 위한 것이지, 욕심을 채우기 위한 것이 되면 안 된다.** 난 장수는 원하지 않는다. 그러나 건강한 장수는 원한다.

건강한 장수를 원한다면 음식만큼은 까탈스러움을 동행시켜 보는 것이 어떨까? 혈당지수가 낮은 음식은 당뇨환자만 먹는 식단이 아니다. 누구나 건강해 질 수 있는 식단이다.

뻔뻔하게 나를 살리는 음식

나침반의 바늘이 흔들리는 것은 정확한 방향을 찾기 위함이다. 흔들림은 고난이자 역경과 같고 흔들림 없이 나아가는 삶은 없다. 단지 고난과 역경을 어떻게 마주하느냐에 따라 굴복하는 자와 승리하는 자로 나뉠 뿐이다. 인간을 포함한 모든 생명체에게 주어지는 과제다.

뙤약볕에 온 몸이 타들어 갈 것 같다. 땅 속에 뿌리를 박고 있는 식물은 볕을 피해 도망가고 싶어도 움직일 수가 없다. 그래서 식물 아니던가. 뙤약볕이라는 고난 앞에 굴복과 승리를 결정해야 한다. 말라 죽으면 굴복, 이겨내면 승리다.

그런데 식물들은 쉽게 말라 죽지 않는다. 불이나 태풍 속에서도 살아남는 법을 알고 있다. 가끔은 열대림처럼 좋은 환경에서도 살지만, 얼어붙은 바위나 북극의 자갈밭, 그리고 사막의 뜨거운 모래밭에서도 산다. 이렇게 온갖 고난을 견디고 버티며 승리자로 살아온 식물들이 가진 것이 당당함이다. 평생 한 자리에서 살아야 하는 기막힌 숙명을 의연하게 받아들이고 있기 때문이다.

〈어린왕자〉 책에 이런 구절이 있다. 어린왕자는 사막을 가로질러 갔다. 하지만 꽃 한 송이만을 만났을 뿐이다. (사막에서도 사는 것이 꽃이니까) 그 꽃은 꽃잎이 석 장 뿐인 아주 초라한 꽃이었다. (뜨거운 사막의 열기가 풍성이 아닌 초라함을 만들었을 것이다.)

"사람들은 어디에 있어?" 어린왕자가 조용히 물었다.

이 꽃은 낙타를 탄 상인들이 지나가는 것을 본 적이 있었다.

"사람들? 여섯이나 일곱 명 정도 있다고 생각해. 몇 년 전에 봤거든. 하지만 그 사람들이 지금 어디에 있는지는 모르겠어. 바람에 날아갔을지도 몰라. 사람들은 뿌리가 없어서 살기에 무척 불편할 거야."

식물이 바라 본 인간(동물)은 무척 불편한 존재다. 식물은 움직일 수 없는 탓에 환경의 영향이 절대적이고, 생존하려면 주변의 작은 변화에도 재빨리 대응해야 한다. 오늘 하루, 한 순간이 전부인양 집중한다. 그러나 움직임이 가능한 동물들은 재빨리 피하는 법을 선택한다. 온 몸이 타 들어갈 것 같은 뙤약볕 아래를 지키고 있는 인간과 동물은 아마 없을 것이다. 소도 슬금슬금 걸어서 축사로 들어갈 테니까.

때론 견디고 버티며 만든 것이 나의 쓰임을 결정할 수도 있다. **버틴다는 것은 주어진 삶을 적극적으로 살아내는 것이고, 어떤 시련에도 결코 자신을 포기하지 않는 것이다.** 그리고 이런 버팀의 시간이 또 다른 생명을 살려내기도 한다.

식물이 가지고 있는 최고의 성분이 항산화영양소다. 항산화영양소란 우리 몸 안에 생기는 활성산소를 제거하며 산화적 스트레스로부터 인체를 방어하도록 돕는 물질이다. 비타민(A,C,E 등), 미네랄(셀레늄, 아연 등), 식물성 화학물질(플라보노이드, 카로티노이드 등)을 포함한다. 과일, 채소, 견과류, 씨앗, 통곡물, 허브, 향신료, 녹차 등이 훌륭한 공급원이다.

식물이 가지고 있는 항산화영양소의 형성과정을 알기 위해 전문서적들을 읽어보았지만 그 어떤 책도 나의 궁금증을 해소시켜 주지는 않았다. 그런데 〈어린왕자〉 책을 통해 움직일 수 없는 숙명을 받아들이는 쓰임이 무엇인지 알게 되었다. 식물에 대한 찬양은 이때부터 시작이 되었다. 더불어 채소와 과일을 올바르게 먹는 방법도 찾았다.

비타민(A,C,E)는 과일과 야채를 통해 공급 받을 수 있다. 제철에 나는 사과, 포도, 귤 등 사과 중과 크기의 과일을 먹으면 충분하다. 소크라테스, 플라톤, 아리스토텔레스 등 유명한 철학자들은 과일을 주식으로 삼았다. 이들은 모두 80세 넘게 장수했던 사람들이다.

과일은 먹는 시기가 중요하다. 식전에 먹어야 한다. 식후에 먹으면 독이 된다. 식후에 먹으면 식사로 먹은 음식과 섞여 소화되지 않고 발효된다. 발효는 가스를 발생시키고 음식을 변질 시켜 영양 흡수를 방해한다.

식전 과일도 아무렇게 섞어 먹는 것보다 적절한 배합을 지켜주는 것이 좋다. 과일은 단맛(바나나, 감), 신맛(오렌지, 귤, 딸기, 사과, 복숭아, 포도 등), 지방이 많은 것(아보카도, 올리브)과 박과(수박, 멜론, 참외)종류가 있다. 이중에서 박과 과일은 쉽게 소화되는 음식이다. 다른 음식들과 섞여서 장에 오래 머물 경우 소화되기 전에 발효가 시작된다. 그러니 단독으로 섭취하는 것이 좋다.

냉장고 과일 칸을 비워두지 않는 이유다. 무엇보다 아침밥을 따로 챙기지 않아도 되니 출근시간이 분주하지 않다. 아이들도 아침은 과일을 먹는 날이 대부분이다.

야채도 항산화영양소를 포함하고 있다. 고유의 색상에 따라 건강에 도움이 되는 다양한 영양성분을 갖고 있다. 컬러 푸드에는 종류만 약 2,500개인 식물 영양소 파이토 뉴트리언트가 가득 들어 있다. 색깔은 태양이 만들어 낸 특정한 성분들이다. 다양한 색깔마다 기능이 다르기 때문에 다른 색의 야채를 2~3가지 정도 먹는 것이 좋다.

매 끼니마다 신선한 야채를 먹는 것이 어렵다면 해독주스를 만들어 보길 추천한다. 양배추, 브로콜리, 당근, 토마토를 물과 함께 삶는다.

양배추와 블로콜리에는 항산화력에 좋다고 알려진 설포라판이 있어 추천을 많이 받는 야채다. 이렇게 삶은 야채를 갈아서 그대로 음용해도 좋지만 사과와 바나나를 넣고 갈면 맛이 더 좋아진다. 이렇게 만든 해독주스 역시 내 건강을 든든히 지켜주고 있는 파수꾼이다.

히포크라테스의 명언 중에 "*I am what I eat!*" 이라는 말이 있다. 우리가 먹는 것이 우리 삶을 결정한다는 말이다. 음식과 마주할 때마다 한 번씩 되내여보면 좋겠다.

혀는 가장 예민한 심판자

"어르신, 음식은 맛있으세요?" (식사하는 장면을 촬영하던 PD가 어르신께 질문한다.)

어르신이 아무 말 없이 미소로 화답하자 며느리가 대변을 한다.

"맛있는 거 잘 모르세요. 남기지 않고 드시면 맛은 괜찮은 겁니다."

혀에는 맛을 느낄 수 있는 약 8,000개~1만개의 미뢰가 있다. 미뢰의 개수가 많으면 맛에 예민하다는 뜻이다. 아이들이 김치나 채소를 싫어하는 것도 미뢰의 개수가 많아서 어른들 보다 짠 맛이나 신맛, 쓴맛을 몇 배나 강하게 느끼기 때문이다. 그런데 나이가 들면 혀의 유두가 위축되면서 맛을 느끼는 미뢰의 개수가 줄어든다. 더불어 기능까지 저하된다.

물론 맛은 '혀'로만 감지하는 것은 아니다. 눈에 보이는 색깔, 목에서 코로 퍼지는 향기, 음식을 입에 넣었을 때 입속의 점막에 닿는 느낌, 온도 등 무수한 감각이 종합해서 만들어 내는 것이 '맛'이다.

흰 접시에 담긴 빨간 사과와 파란 접시에 담긴 사과를 상상해 보면 흰 접시에 담긴 사과가 더 달게 느껴진다. 파란색은 식욕을 떨어뜨리는 색이기 때문이다. '보기 좋은 떡이 맛도 좋다.' 라는 옛말은 거짓말이 아닌 셈이다.

시각만큼이나 미각을 돋우는 것이 바로 후각이다. 바람에 풍겨오는 맛있는 냄새로 인해 입안에 침이 한 가득 고이게 된다. 심지어 기분이나 감정에 따라서도 맛이 달라질 수 있다니 맛이라는 것은 복잡하고도 오묘하다.

그러나 맛의 최종 평가단은 혀다. 현대는 식품 가공법이 발달해서 성분에 대한 정보가 풍부하기 때문에 '이 음식에 독이 있을까?' 라는 걱정은 덜 한다. 하지만 과거에는 안전한 음식인지를 판단하는 과정이 중요했다. 먼저 눈으로 보고 코로 냄새를 맡고, 마지막으로 혀로 먹을 수 있는 음식인지 맛보는 것. 혀는 외부로부터 위험물이 유입되지 않도록 인체를 지키는 입국심사와 같다.

성별에 따른 미뢰의 개수로도 입국심사의 위엄을 엿볼 수 있다. 여성은 남성보다 미뢰의 개수가 많아 맛에 민감하다. 특히 쓴맛을 훨씬 민감하게 느끼는데, 이는 임신 중에 쓴맛을 내는 독성성분으로부터 태아를 보호하기 위한 것으로 추정된다고 한다.

그러나 이런 위엄을 빼앗아 가는 것도 식품가공법의 발달이다. 독성 성분에 대한 염려는 줄었지만 그 대가로 혀는 냉정함을 잃어가고 있다. 강한 맛을 내는 화학조미료에 익숙해져서 미각이 둔해지게 된 것이다. 미뢰의 개수가 감소되는 것을 가속화 시키고 있다.

조미료가 듬뿍 들어가는 패스트푸드와 가공식품을 즐겨 먹는 사람들과 그렇지 않은 사람들의 머리카락을 채취해 미국 전문기관에서 검사를 했다. 패스트푸드를 많이 먹은 사람들은 아연 결핍으로 미각 기능이 떨어진다는 결과가 나왔다고 한다.

인스턴트 음식이나 패스트푸드는 첫 맛부터 강한 맛이 나도록 간이 엄청 진하기 때문에 미각 역치를 높인다. 높아진 역치 때문에 다른 음식이 상대적으로 싱겁게 느껴져서 그럴 수도 있다.

그러나 인스턴트 음식에 길들여져 있다고 포기하면 여기서 끝이다. 건강을 지키기 위해서는 섣부른 포기를 앞세우지 않아야 한다. 나도 임신성 당뇨로 식단조절을 하기 전에는 인스턴트 음식 맛에 빠져 있던 사람이다. 그러나 내 혀는 당뇨 식단을 적용하면서부터 냉정함을 다시 찾아올 수 있었다. 화학조미료 없이도 침착하게 맛을 음미할 수 있게 되었기 때문이다.

야채와 과일을 많이 먹으면서 천연음식이 가진 맛을 제대로 느껴봤다. 가미 없이 먹어야 하니 야채는 생으로 먹기도 했지만 팬에 올리브유를 두르고 구어 먹는 날도 많았다. 당근, 가지, 호박, 파프리카, 마늘쫑 모두 구우면서 향을 코로 맡아 그런지 더 맛있게 먹었던 기억이 있다. 지금도 고기를 구워 먹을 경우 고기보다 구운 야채를 더 많이 먹고 있는 이유다.

굽는 조리법 외에 맛을 더하기 할 수 있는 방법이 데치기다. 야채를 살짝 데치면 야채 본연의 단맛이 우러나 더 맛있게 먹을 수 있다. 항산화 물질인 라이코펜도 생으로 먹었을 때 보다 데쳐서 먹는 경우 오히려 흡수력을 높일 수 있다. 브로콜리. 콜리플라워, 양배추가 대표 야채였다. (단, 초장이나 간장은 제외하고 먹었다. 당 함량 때문이기도 하지만 함께 먹으면 야채 본연의 맛을 느낄 수가 없다.)

혀의 냉정함을 찾는데 도움이 되었던 다른 한 가지가 있다. 먹을 수 있는 음식의 종류가 한정적이고, 양도 제한되어 있다는 것이다. 그래서 집중할 수밖에 없었다.

〈여덟 단어〉의 저자 박웅현은 인생 계획을 묻는 질문에 이렇게 답한다.

"저는 없습니다. 개처럼 삽니다."

"개는 밥을 먹으면서 어제의 공놀이를 후회하거나 잠을 자면서 내일의 꼬리치기를 미리 걱정하지 않는다. 그래서 누가 밥을 주면 처음 밥을 먹는 것처럼 온전히 즐기면서 집중합니다. 순간에 집중하면서 사는 개. 개처럼 살자가 제 삶의 목표입니다."

나는 박웅현 저자가 제시하는 삶의 목표를 음식 먹는 방법에 도입했다.

세상에서 가장 맛있는 음식을 먹을 수 있는 방법은 *"개처럼 먹자."*

이 말은 음식에 집중하며 먹었을 때 찾아오는 순간의 맛을 잡아보라는 것이다. 난 이 맛을 알게 되었다. 지금도 시간에 쫓기며 식사를 하게 되는 경우가 발생하면 과감히 금식을 택한다. 첨가물이 들어 있는 음식을 입에 넣고 불꽃놀이처럼 순간적으로 터지고 말아버리는 열정에 중독되는 것은 싫기 때문이다.

바람이 실어다 주는 풍미를 맡으며 떨리는 마음부터 시작해서, 색색들이 가져온 향연에 빠지는 행복, 입 안 가득 퍼지는 맛을 침착하게 음미할 수 있는 냉정함은 혀를 다스리는 지혜를 통해 얻어 낼 수 있다.

지혜의 깨달음을 외쳐본다.

"화학조미료가 들어 있는 음식에게 매정하고 쌀쌀 맞은 냉정함을 보내도 괜찮다."

비워지는 속도로 살아가기

"집에 냉장고 없는 분 손 한 번 들어주시겠습니까?"

위암 발생과 관련된 요인을 설명 할 때는 항상 냉장고 소유에 대한 질문을 한다. 냉장고는 필수 가전품으로 자리 잡은 지 오래 되었다. 김치 냉장고까지 세트나 옵션으로 장착되어 있으니 두 대를 가지고 있다고 해도 틀린 말이 아니다.

냉장고의 순기능은 언급하지 않아도 모두 알고 있을 것이다. 그런데 그 기능이 세월의 흐름에 따라 변화되고 있다는 것까지 모두 알고 있는 것은 아닌 것 같다. 지금부터 변화된 냉장고의 기능을 찾아보려고 한다.

위암 발생은 여러 가지 요인이 복합적으로 작용하여 발생하고 있지만 그 중 한 가지가 짠 음식, 특히 염장식품 등의 섭취와 관련이 있다는 것이다. 요양보호사 양성교재 한 귀퉁이에 염장식품에 대한 정의가 서술되어 있다.

염장 식품이란 소금을 첨가하여 저장성을 높인 식품으로 굴비, 젓갈류, 햄, 베이컨, 김치, 단무지, 짠지 등이 해당된다. 이 문장을 읽고 난 후 '저장성' 이란 글자에 밑줄 쫙 그어보라고 한다.

덜 짜게 먹어야 건강해 질 수 있다는 말은 이미 익숙하다. 음식을 조리할 때 최대한 염분을 첨가하지 않거나 줄이려고 노력하는 모습들이 낯설지 않기 때문이다. 그런데 조리 시 첨가하는 염분의 함량보다 많은 양이 염장식품에 녹아져 있다는 것도 알고 있어야 한다.

풋고추 70g에는 나트륨 2.1mg 정도가 들어 있다면 동량으로 고추장아찌를 만들 때 나트륨은 1,345mg이 된다. 장아찌로 변한 풋고추는 640배나 많은 나트륨을 머금고 있다는 사실을 확인할 수 있다. 〈출처: 농촌진흥청 2006식품 성분표〉

염장식품을 먹을 수밖에 없었던 이유들이 있다. 정의에서 언급한 바와 같이 저장성 때문이다.

우리나라의 사계절에는 겨울이 있다. 농사를 지을 수 없었던 겨울을 잘 견뎌내기 위한 방법 중 하나로 먹거리가 있고, 그 먹거리를 온전히 저장하는 방법을 찾다보니 염장을 할 수 밖에 없었을 것이다. 장독대를 한가득 채웠던 항아리들과 함께 유년시절을 지낸 사람이기도 하다.

그러나 현대는 추운 겨울과 마주해도 먹거리로 고민하지 않는다. 구태여 염장법을 사용하지 않아도 먹을 것이 넘쳐나는 삶을 산다. 냉장고가 한 몫을 해주고 있기 때문이다. 냉장과 더불어 냉동까지도 가능하니 고민 할 여지가 없다.

먹거리 저장에 대한 고민을 덜어 내주는 것은 냉장고뿐만이 아니다. 유통이 워낙 발달된 나라가 대한민국이다. 집 문을 열고 나가면 언제든지 먹거리 구매가 가능한 슈퍼나 마트가 즐비하게 들어서 있다. 더불어 인터넷 발달은 더 큰 삶의 변화를 가져왔다. 밤 12시 이전에만 구매하면 다음날 아침 문 앞에까지 가져다주는 배송 덕분에 아침 메뉴를 걱정하는 시간을 줄일 수 있다.

5일장, 7일장이 열려야만 먹거리를 구매할 수 있고, 다음 장날까지 잘 보관하는 방법을 연구해야만 했던 예전 삶에 비하면 아주 편리해진 것은 사실이다.

그러니 냉장고는 1박 2일, 2박 3일 더불어 30일, 180일 동안의 숙박을 위해 필요한 것이 아니다. 채소도, 음식도 신선할 때 가장 힘이 세다. **오래된 사랑이 식듯, 오래된 음식도 설렘이 없다.**

냉장고가 처음 출시될 때 광고에서 가장 먼저 언급한 것이 크기(용량)에 대한 것이었다. 크면 클수록 많이 저장할 수 있으니 너도나도 큰 크기를 구매하고 싶은 욕구를 자극했던 것이다. 그러나 현대의 냉장고는 어디에 숨어 있는지 알 수 없을 만큼의 크기로 존재감을 드러내지 않는다. 당일구매, 당일소진 소위 당일치기만 해도 기능은 충분하기 때문이다.

비워지는 속도로 살아가기

가구 한 켠에 자리 잡고 있어 문을 열어야만 온도가 다른 냉장고임을 알 수 있는 것들도 많다. 오래 저장되어 있던 재료 보다는 당일 구매한 신선한 재료로 만든 음식을 만들어 먹는 것이 좋다. 꼭 보관이 필요한 재료를 제외하고는 가득 채우려는 욕심을 내려놓아야 건강해진다.

이렇게 냉장고 기능의 변화를 설명해도 염장식품이 좋아서 줄이기 힘들다는 분들도 있다. 어릴 적 엄마가 해주시던 맛을 잊을 수 없기 때문이다. 나이가 들어가면서 맛의 그리움은 더 깊어진다.

따뜻한 밥에 올려 주었던 깻잎 장아찌 한 장과 아삭거리며 입안을 돌아다녔던 맛에 매료되어 정신없이 먹었던 오이, 무 장아찌들과 어떻게 쉽게 이별을 선언할 수 있냐는 말이다. 시골 할머니와 오래 살았던 나 역시도 할머니가 그리울 때마다 떠올려 보는 맛의 한 자락이 항아리에 담겨 있던 장아찌다.

당장 끊어내라는 것이 아니다. 먹을 만큼만 담그고 먹는 횟수와 양을 조금씩 줄여가는 습관을 가져보라는 말을 전하고 싶다. 우리 집에도 장아찌 전문가가 있다. 친정엄마는 냉장고와 냉동고를 다 합쳐 무려 4대를 가진 분이다. 무엇이 그 안을 채울까 싶어 열어보면 무, 깻잎, 고추, 마늘, 양파 등 온갖 종류의 야채들이 간장에 차곡차곡 자리 잡고 누워있다. 돌멩이나 자루에 눌려 있다가 한쪽 귀퉁이로

비스듬히 나온 고추나 양파를 만나는 날이면 언제 나를 꺼내 줄 것이냐며 물어오는 것 같아 종종 웃음이 날 때도 있다.

"엄마, 양파 자루에 가득 들어있는 양파를 보면 간장에 넣고 싶어지세요? 아니면 들판에 흐드러진 깻잎을 보면 모두 간장에 차곡차곡 탑을 쌓아주고 싶으세요?" 라며 핀잔 아닌 핀잔을 건넨 적도 있다.

볼멘소리를 한다며 그 핀잔들은 나에게 다시 돌아오지만 이런 모습을 보며 습관이라는 것이 참 무섭게 느껴질 때도 있다. 핀잔이 아닌 당부를 전하곤 한다.

"엄마, 드시고 싶은 만큼만 해요. 다음 해가 오기 전에 소진할 만큼만 만들어도 되잖아요. 저는 더 안 주셔도 됩니다."

우리 집 김치 냉장고에는 3년이 넘은 고추 장아찌가 한통 들어있다. 엄마가 만들어주신 것인데 아무도 먹지 않는다. 그러나 쉽게 버릴 수도 없다. 고추를 물로 깨끗이 씻고, 장아찌의 감칠맛을 내기 위한 재료들을 선정해서 땀을 뻘뻘 흘리며 끓여 만들었던 엄마의 수고와 사랑을 알기 때문이다.

그리움을 달래보기 위한 맛의 귀환이 아니라 습관적으로 염장식품을 만들고 있다면 그 습관을 한 번은 점검해 볼 필요도 있다.

기존 생각과 다른 신선한 자극이 들어왔을 때 곰곰이 생각해보는 훈련이야 말로 앞으로 나아갈 수 있는 방향과 목표를 제시한다. 더불어 익숙함에 매몰되지 않는 사람이 되게 한다.

지금, 현재를 점검하지 않고서는 올바른 미래로 나아갈 수 없다. 건강도 마찬가지다. 건강해지고 싶다는 말은 미래를 이야기 하는 것이니, 지금 점검해야 할 것이 어떤 것인지를 먼저 따져봐야 한다.

진짜 나다움을 입는 날

"교수님은 어떤 운동하세요?"

이렇게 종종 물어보는 제자들이 있다. 요양보호사 양성 교육을 수강중인 제자들이 묻는 질문이 아니라 졸업을 하고 몇 해가 지나 다시 찾아온 제자들이 물어보는 질문이다.

머쓱하게 웃고 있는 나를 보며 대답도 하기 전에 또 다른 이야기를 전해 준다.

"몇 년 전이나 지금이나 여전히 똑같아서 드리는 말씀입니다. 애를 셋이나 낳고도 뱃살이 어디로 갔는지 잘 안보여서요."

웃음으로 감사 인사를 대신한다. 아름답게 바라봐 주는 제자들의 마음을 알기 때문이다. 아이를 출산하지 않은 여자의 몸과 아이를 출산한 여자의 몸은 확연히 다르다. 임신 막달이 되면 자궁은 태아를 보호하기 위해 임신 전의 크기보다 (팽창율 500배) 커진다. 자궁을 지지하기 위한 또 다른 기관들도 함께 커진다. 대표적인 부위가 배와 허벅지, 엉덩이다. 임신 전 보다 평균 10kg 이상의 몸무게가 증가하는 원인이기도 하다.

물론 출산 후에는 함께 했던 살들과 이별이 되는 사람도 있다. 이때의 노력은 피나는 노력이라고 말해도 과언이 아니다. 나 역시도 그런 노력을 시도했지만 만족스럽지 못한 결과에 이르렀다. 음식을 먹지 않으면 홀쭉한 배가 되었다가도 조금 더 먹는 날이 되면 임신 4개월 정도의 산모 배처럼 볼록하게 올라오기 때문이다. 그러니 예쁜 몸이라고 부를 수가 없다.

아가씨는 벗은 몸이 예쁘고 아줌마는 입은 몸이 예쁘다고 했다. 탄력을 잃어버린 군살들이 여기저기 생겼으니 보정 속옷 속에 차곡히 잘 정리해서 넣어주면 조금 매끈한 몸처럼 보이기는 한다. 나는 보정속옷을 입는 아줌마는 아니지만 최대한 옷매무새를 단정히 하려는 노력은 한다. 이런 노력들이 빛을 발하는 순간이었을지도 모른다.

그런데 한 번의 수고로움으로 끝날 일이 아니다. 또 한 번 발휘되어야 하는 시점이 갱년기이다. 호르몬의 격한 영향으로 균형이 깨져 몸의 안과 밖, 신체장기(오장육부)의 변화들을 경험 한다. 아직 갱년기를 마주하지는 않았지만 그 위기감은 이미 충분히 흡수한 상태이다. 온몸의 근육이 줄어드니 탄력성은 저하되고, 여성호르몬의 결핍으로 에너지 대사율이 저하될 것이다. 안 먹어도 살이 찐다는 시기가 바로 이 시기에 해당한다.

지식인이란 아는 것이 많은 사람을 이르는 말이 아니라고 했다. 남보다 더 많은 지식을 배웠다면 그 지식을 토대로 행동할 줄 아는 사람이 진실로 지식인이 되는 것이기 때문이다. 지식의 값어치를 결정하는 것은 행동이다. 배움에서 끝이 아니라 시작이 되는 사람, 그 사람이 진짜 지식인이고 삶을 바꾼다.

　내 삶에 찾아온 지식도 행동으로 옮겨가려는 노력을 하는 이유와 같다. 그 첫 번째 행동이 옷차림이다. 나의 체형을 알고 장점은 부각하고 단점은 보완할 수 있는 옷을 골라 입는다. 나이에 맞는 아름다움은 반드시 존재한다. 40~50대의 몸매 좋은 여성이 크롭티(배꼽이 보이는 짧은 상의)와 미니스커트를 입어도 그리 아름다워 보이지 않았던 이유일지 모른다. 미의 기준은 사람마다 다를 수 있으나 나는 예쁜 것과 아름다운 것은 다르다고 생각한다.

　'아름답다'는 말은 단순히 외형적으로 보기 좋은 것만을 이야기 하는 것이 아니라 무언가를 넓고 깊게 포용하는 것까지 포함하는 단어이다. '아름'이 순 우리말로 '크기'라는 말을 담고 있기 때문이다. 더불어 조화와 균형이 잘 맞는 상태를 의미하기도 한다. 나이 들어 변화되는 몸의 변화를 충돌 없이 잘 감싸줄 수 있는 행동, 그것이 내가 택힌 아름다운 몸을 유지하는 한가지였다.

　두 번째 행동은 운동이다. 적절한 운동은 노화에 따른 신체적, 심리적 변화를 지연시키거나 역행을 시킬 수도 있다. 운동의 효과를 의학적으로 나열하자면 끝없이 작성할 수 있으나 그런 교과서 적인 이야기를 하고 싶지는 않다.

   나는 지연과 역행을 바라지 않은지 오래되었다. 비범한 삶을 사는 사람들이 출연했던 프로그램을 본 기억이 있다. 바디빌더로 살아오신 남자 분의 뒷모습으로 프로그램이 시작된다. 얼핏 보기에는 30~40대 정도의 청년으로 보이지만 그런 나이를 가진 분이라면 이 프로그램에 출연하지 않았을 것이다. 그러니 그 보다 더 많은 나이를 가진 분이라는 추측을 했다. 앞모습이 보여 지는 순간 추측이 맞았다는 것을 알 수 있었다. 뒷모습에 비추어진 흰머리는 염색을 통해 감출 수 있으나 얼굴에 새겨진 나이까지 감추는 것은 불가능하다.

   이 분의 삶을 따라가며 영상은 계속되었다. 하루 중에 꼭 해야 할 일(식사, 수면, 개인위생 등)을 제외하고는 거의 많은 시간을 헬스장에서 보내고 있었다. 그 순간 나는 부러움을 뒤로 보내 버리고 얼른 포기를 데려왔다. 그렇게 할 자신이 없었기 때문이다. 물론 그 분은 내가 알지 못하는 운동의 즐거움을 반드시 알고 계신 분일 것이다. 다만 그 즐거움을 나는 탐내지 않겠다는 것이다.

   대신 스트레스를 해소하기 위한 즐거움을 택했다. 요양보호사 양성교재에도 '즐거운 마음으로 운동을 하여 스트레스를 해소한다.'라고 운동 관리법을 언급하고 있다. 유연성이라고는 찾아보기 힘든 뻣뻣한 온몸을 삐거덕거리며 쓰는 날이 있다. 주2회 줌바 댄스를 한다. 박자도 안 맞고 방향도 어긋날 때가 있지만 한 시간을 음악에 맞추어 흔들다 보면 살아있는 감각을 느낀다. 자연스럽게 이어지는 동작은 뿌듯함이고 어긋나는 동작은 간절함이다. 두 가지를 동시에 느낄 수 있는 즐거움이 댄스 안에 있었다.

　날씨가 좋은 날은 최대한 자연 가까이 간다. 아파트 단지 한 바퀴를 걸어가며 꽃도 보고 풀도 보며 시각을 연다. 볼에 스쳐지나가는 바람소리로 청각과 촉각 까지 자극을 받는 날이면 더할 나위 없이 즐겁다. 산책을 하며 만나는 자연은 나에게 언제나 "쓸모"를 알려주곤 했다.

　매실나무 한 그루의 줄기에 가득 달린 매실과 바닥에 떨어져 있는 매실을 보며 두 종류의 가치를 생각한 적이 있다. 가장 먼저 눈에 띄는 것은 줄기에 달린 매실이 바닥에 떨어진 매실 보다 나아 보인다는 것이다. 그러나 둘의 가치는 내가 판단할 수 없음도 알게 된다. 나무줄기에 매달린 매실은 사람이나 동물의 먹이로 쓰임을 받을 수 있다. 바닥에 떨어진 매실은 거름이 되어 다음해에 더 많은 열매를 맺는 밑거름이 될 수 있다. 지금 당장 내 눈에 보여지는 것으로는 어떤 가치도 판단할 수 없으니 그저 귀하게 여기는 마음만이 내가 가져볼 수 있는 것이다. 자연이 주는 깨달음이다.

스트레스를 해소하는 방법은 사람마다 다르다. 또한 스트레스가 쌓이는 원인도 사람마다 다르다. 나에게 다가오는 가장 큰 스트레스는 내 존재감이 확인되지 않는 순간들이었다. 이때 선택했던 나만의 운동은 살아있다는 감각을 되살려 쓸모를 찾아주면 충분했다.

예쁜 몸을 포기한다면 운동이 결코 스트레스가 되지 않는다. 아름다운 몸을 만들기 위해서는 즐거움만 있어도 가능하기 때문이다.

수수께끼 같은 처방전

건강증진과 질병예방을 위한 8가지 건강 수칙 중 약물관리는 늘 상위에 자리하고 있다. 우리나라 노인들의 다 약제 복용과 부적절한 약물 사용은 해마다 증가하고 있으며, 그에 따른 사망과 장애 위험도 높아지고 있다. 그러나 약물 관리는 노인만의 문제가 아니다. 현대의 젊은 세대 역시 고혈압, 당뇨 같은 만성질환으로 인해 장기적인 약물 복용을 하고 있으며, 약물 관리의 중요성은 연령과 무관하게 모두에게 해당된다.

속도와 효율에 있어 세계적으로 손꼽히는 대한민국이지만, 노년을 준비하는 태도는 여전히 걸음마 수준이다. 정보가 없어서가 아니다. 영양과 운동에 관한 정보는 넘쳐난다. 오히려 문제는 너무 많아서 진짜와 가짜를 구분하기 어렵고, 무엇을 믿고 따라야 할지 망설이게 된다는 데 있다. 그 가운데 가장 부족하게 느껴지는 정보가 약물관리다. 명확하게 다뤄지지 않고, 제대로 가르쳐 주는 곳도 드물다.

여기서 말하는 약물관리는 건강기능식품이나 비타민 이야기가 아니다. 이미 질환을 가지고 처방약을 복용하는 사람들, 즉 약을 복용하고 있다면 스스로 건강하다고 착각하지 말고 '환자'로 자각해야 한다. 환자로서 자신에게 맞는 약물 투약 법을 아는 것이야말로 진짜 정보다.

노인의 경우, 나이가 들어 주름살이 늘듯 약물의 수도 함께 늘어난다. 약을 줄이라는 말은 쉽게 할 수 있지만, 현실에서는 거의 불가능에 가깝다.

"아프지만 않아도 살 것 같아요." 이렇게 말하는 노인들은 통증을 줄이기 위해 처방약, 비처방약, 건강기능식품까지 함께 복용한다. 이들에게 지금 가장 시급한 교육은 바로 올바른 약물관리다. 나이와 상관없이 약을 복용해야 하는 순간이 온다면, 그때부터가 약물관리의 출발점이다.

우리나라 처방전은 꽤 친절하다. 약의 사진, 이름, 효능, 주의사항까지 세세하게 안내되어 있다. 그러나 정작 이 친절함에 가장 무심한 사람은 약을 직접 복용해야 하는 당사자다. 의료진은 처방전을 꼼꼼히 확인하지만, 약을 복용하는 사람은 그 내용을 흘려보내기 일쑤다.

병원에서 받은 약 하나도 내 몸에 맞는 해석이 필요하다. 단순히 증상을 억누르는 것이 아니라, 문제의 원인을 다스릴 수 있는 해법을 찾아야 한다. 그래서 처방전은 '복용서'가 아니라 '이해서'가 되어야 한다.

처방전에 기록된 정보를 읽는 것은 기본이고, 그 너머 숨겨진 수수께끼까지 해독할 수 있어야 한다. 그 수수께끼의 핵심은 쉽게 드러나지 않는 이상반응, 즉 부작용이다. 스스로 부작용을 찾아내려는 노력이야말로 약물 복용의 안전을 높이는 첫걸음이다.

이쯤에서 '처방'이라는 단어의 뿌리를 들여다보자. '처방'은 장소 '처(處)'와 방향 '방(方)'의 조합이다. 익숙하던 자리에서 새로운 방향으로 나아가는 의미를 담고 있다. 늘 먹던 약, 익숙한 방식에서 벗어나 낯선 길로 이동하는 것이다. 이러한 변화 앞에서 자연스럽게 따라오는 감정이 바로 거부감이다.

새로운 약을 처방받았거나 기존 약이 변경되었거나 복용량이 늘어났다면, 그것은 몸과 마음이 처음 접하는 '새로운 곳'이다. 변화에 따른 경계심과 반응은 자연스럽다. 따라서 이런 반응을 미리 알고 대비하는 것이 중요하다.

하지만 현실에서는 부작용에 대한 사전 안내를 받는 경우가 드물다. 그렇다고 부작용이 없는 것은 아니다. 대부분의 약물은 연구를 통해 발생 가능한 이상반응이 약전에 기록되어 있다. 다만 우리가 받아 든 처방전에는 적혀 있지 않을 뿐이다.

지금은 검색 한 번이면 약물이 어떤 부작용을 유발할 수 있는지 누구나 쉽게 확인할 수 있다. 새로운 약의 복용을 시작하기 전, 그 변화가 내 몸에 어떤 영향을 줄 수 있을지를 스스로 점검하는 습관이 필요하다.

일부 의사들은 약물 부작용에 민감하여 사전에 부작용을 언급하기도 하지만, 그런 경우는 드물다. 진료 시간이 짧기로 유명한 우리나라 의료 환경에서는 더욱 그렇다.

그래서 질병관리청 국가건강정보포털에서는 의사에게 꼭 물어야 할 7가지 질문을 제시하고 있다. 그 중 하나가 바로 이 질문이다.

"내가 알아야 할 이 약의 부작용이 있습니까? 그리고 만약 부작용이 나타난다면 언제 병원에 와야 합니까?"

하지만 이런 질문을 먼저 던지는 환자도 많지 않다. 알고 있어야 질문도 할 수 있는 법이다. 약물을 복용하는 모든 사람들은 이 질문을 기억해야 한다. 부작용을 인지하고 복용을 시작하면 문제가 생겼을 때 바로 중단할 수 있고, 약물로 인한 위험도 줄일 수 있다. 반면 부삭용을 모르고 복용하면, 약물 때문이라는 사실을 알아차리기까지 너무 오랜 시간이 걸린다.

부작용의 위험은 약이 많아질수록, 즉 다약제를 복용할수록 높아진다. 서로 다른 약이 상호작용을 일으킬 수 있기 때문이다.

그러므로 자신이 복용 중인 약물을 반드시 의사에게 알리고, 그에 맞는 올바른 처방을 받아야 한다.

환자는 의사에게 편안히 질문하고, 의사 역시 환자의 질문을 반갑게 받아들이는 진료 환경이 조성되길 바란다. 그렇게 된다면, 혼자서 수수께끼를 풀어가듯 헤매지 않아도 되고, 정답에 더 빨리 도달할 수 있다.

의료진의 존재 이유는 무엇일까? 그 본질은 아픔을 덜어주는 데 있다. 그러나 때때로 의료진의 양심이 무채색처럼 흐려지는 현실도 존재한다. 그래서 더 간절히 바란다. 진정한 의료인의 마음이 핑크빛으로 물드는 날을.

신약이 개발될 때 먼저 자신이 복용해보는 의사가 있다는 이야기를 들은 적이 있다. 모든 약을 그렇게 할 수는 없겠지만, 그 행동에는 분명한 이유가 있을 것이다. 누군가의 고통을 덜고 싶은 마음, 그 마음이 의료인의 양심을 따뜻하게 밝혀주길 바란다. 아픔이 덜 아파지는 세상, 그 길 위에서 약물관리는 반드시 짚고 가야 할 문제다.

2장

마음은 무장지대
: 감정이 다치지 않는 마음의 안전 구역

긴 행군

육십 세에 저 세상에서 날 데리러 오거든
아직은 젊어서 못 간다고 전해라

칠십 세에 저 세상에서 날 데리러 오거든
할 일이 아직 남아 못 간다고 전해라

팔십 세에 저 세상에서 날 데리러 오거든
아직은 쓸 만해서 못 간다고 전해라

구십 세에 저 세상에서 날 데리러 오거든
알아서 갈 테니 재촉 말라 전해라

백세에 저 세상에서 날 데리러 오거든
좋은 날 좋은 시에 간다고 전해라

〈백세인생〉 이애란

이 노래가 한참 유행을 하던 때가 있었다. 그러나 나는 유행하기 몇 년 전부터 알고 있던 노래다. 가사가 너무 독특해서 어르신들에게 알려 드리고 싶은 마음에 요양원 출강을 간 날 가사를 프린트해서 가져갔다. 노래를 듣자마자 어르신들은 이런 말들을 하셨다.

"저렇게 오래 살아 뭐 하노, 아이고 징글 맞어."
"누구 좋으라고 저 때 까지 사노."

그로부터 10년 정도가 지난 지금은 누구나 백세인생을 인정한다. '100세 시대'가 도래되었음을 UN에서는 2009년에 선포하기도 했다. 그러나 아직도 노인복지법에 노인은 65세 이상으로 규정되어 있다. 이 법은 1880년대, 평균수명이 50이 안 되었을 때 정한 법이다. 지금은 평균수명이 두 배나 늘어났는데도 여전히 노인을 같은 나이로 규정하고 있으니 많은 부분에서 혼란을 겪는다.

서울시 인생이모작지원단장인 남경아님은 〈나이듦 수업〉책에서 이렇게 전한다.

"지금 여러분 나이에 0.7을 곱하신 나이가 100세 시대를 살아갈 여러분들의 진짜 나이가 됩니다. 예를 들면 현재 70대인 사람은 과거의 50대와 같은 삶을 살고 있다고 많은 노년학자들이 얘기하거든요."

나이가 60세인 분은 0.7을 곱하면 42세의 나이가 되고, 70세인 분은 49세가 된다. 평균적으로 약 20년의 젊음을 되찾는 것이다. 이제 시간을 바라보는 전망을 바꿔야 한다. 평균수명이 50세가 안 되었을 때는 남아있는 시간을 계산하다보니 *"내가 살아봐야 몇 년 밖에 더 살겠나."* 와 같은 말을 했다.

그러나 100세 시대는 그 시간보다 2배 정도는 더 살아야 생을 마감할 수 있으니 남아 있는 시간을 미리 계산 할 필요는 없다. 다시 찾은 젊음과 함께 마음의 여유를 가져야 한다. 더불어 시간을 대하는 방식도 바꿀 필요가 있다.

빨리 무언가를 해야 한다고 생각하면 과정보다 결과 중심으로 해석하고 판단하는 '결과 우선주의'에 빠질 수 있기 때문이다. 이런 생각은 "모로 가도 서울만 가면 된다."는 속담과 가까워지는 삶을 살게 한다.

요양보호사시험 공부만 해도 그렇다. 교재 속 개념들을 하나씩 이해하며 가야 하는데 모의고사 문제부터 풀어보고 싶어 한다. 어떻게든 합격을 해야 한다는 마음 때문이다. 심지어 이렇게 말하며 내 마음을 후벼대는 분도 있다.

"시험에 나오는 것만 알려주세요."

그러나 세상에 공짜는 없듯이 과정 없이 결과만 나타나는 것은 없다. 시험에 합격만 하는 것이 능사는 아니다. 시험에 불합격을 하고 고득점을 받지 못한다 해도 제대로 배운 내용은 현장에서 제대로 된 실천으로 이어진다. 시험은 언제든 재 응시 할 수 있는 기회일 뿐이다. 내가 시험을 포기하지, 시험이 나를 포기 하지는 않는다.

서울을 가려거든 제대로 된 길로 가라. 설상 서울에 도착하지 못한다 하더라도 제대로 갈 수 있는 만큼만 가면 된다. **제대로 가다 멈춘 그곳에서 그 만큼만 제대로 하면 된다.** 언제나 그 공식은 진심을 담은 해답을 제시해 주었다.

나이가 들었다고 모든 것을 다 잘해야 한다는 부담감도 과감히 버리자. 사람은 누구나 실수할 수 있고, 실패도 할 수 있다. 어린아이의 실수에만 관대해지는 과오를 범하지 않아야 한다. 나이가 들었다고 완벽한 해법을 가지고 사는 사람은 없다. 여전히 시행착오를 거치며 나의 강점을 찾아가는 과정 속에 놓여있을 뿐이다.

결과와 상관없이 자신의 모습을 긍정적으로 평가할 수 있는 포용력을 키워 가면 된다. 절대 긍정은 좋은 면만 인정해 주는 것이 아니라 어두운 면까지 포용하고 싶어질 때 시작된다. 그 시도만으로도 아름다운 노년을 마주할 수 있다. 내 삶에 드리워진 어둠과 같은 그늘을 살짝 보듬어 주는 거니까.

이런 과정을 삶 속에 적용하며 걸어간다면 100세 시대를 두려워하고 걱정하던 마음의 주름살은 활짝 펼 수 있을 것이다. 돈과 고통 없이 언제든 꺼내 들 수 있는 천연 보톡스를 구비한 사람이 될 수 있기 때문이다.

법적 나이가 아닌 라이프 나이로 살아가야 함을 "노인의 정의" 파트에서 풀어낸다. 이 강의를 듣고 제자 중 한분이 삶으로 실천했던 고백을 들을 수 있었다.

"교수님, 저는 이제 늦깎이 대학생이 됩니다. 요양보호사 강의를 수강할 때 까지만 해도 입학을 할지 말지 고민이었습니다. 그런데 교수님 강의를 듣고 입학하기로 결정을 했습니다."

환갑이 넘은 나이에 대학생이 된다는 것이 쉬운 결정은 아니었을 것이다. 그러나 라이프 나이로 계산을 해보니 40대 초반밖에 되지 않았음을 깨닫게 되었고 그 깨달음은 용기를 불러내기에 충분했다고 한다.

대학생이 된 제자분은 종종 근황을 전해주고 계신다. 배우고 익혀가는 기쁨의 순간을 전해주실 때마다 은근히 뿌듯해지는 마음을 감출수가 없다.

젊음을 되찾은 활기찬 모습, 배움 자체의 소중함을 깨달아 가는 모습, 졸업 후 마주하게 될 미래에 대한 희망들은 오늘도 강의장에서 라이프 나이를 전해야 하는 강력한 이유들이 되어주고 있다.

"조급함으로 빨리 하지 않고 천천히, 결과와 상관없이 해보고 싶은 것 많이 시도하며 살자. 이제는 100세 시대의 삶을 시작해야 하니까."

노년을 준비하기 위해선 마음의 무장이 필요하다. 그러나 무장이라고 해서 아무 것이나 마음속에 쌓아둘 수는 없다. 꼭 필요한 것만, 꼭 필요한 만큼만 담아야 한다. 그래야 기나긴 인생의 행군 끝에 지치지 않고 무사히 골인 지점에 도착할 수 있다.

스크래치 북

"몇 시간 후면 다시 만날 수 없는 이별이 될 것 같습니다. 마지막으로 어머니가 좋아하시던 노래 한곡 정도 들려주세요."

임종을 앞 둔 환자의 자녀들에게 의사가 한 말이다. 그러나 이 방에서는 어떤 노래 소리도 울려 퍼지지 않았다. 이유가 무엇이었을까?

어머니가 좋아하는 노래를 정확하게 알고 있는 자녀가 없었기 때문이다. 어떻게 어머니가 좋아하는 노래도 모르냐고 핀잔할 수 있겠지만 자녀들에게 모든 책임을 전가 시키면 안 될 일이다. 자녀들이 어머니에게 보인 관심이 적었을지도 모르나 어머니 역시 평소에 좋아하는 노래가 어떤 곡인지 자녀들에게 말해 주지 않았을 가능성도 크다.

말하지 않았던 이유는 배려였을 것이다. 자녀들에게 부담도 걱정도 그 어떤 것도 넘겨주고 싶어 하지 않는 사람이 부모다. 그런데 이런 무조건 적인 희생이 오히려 미안함과 후회를 남길 때도 있다.

난 왜 엄마가 좋아하는 노래 하나도 모르고 있었을까? 조금 더 관심을 기울였다면 가능했을까? 이런 생각들이 가끔은 죄인처럼 나락에 떨어뜨리기도 하고 후회에 몸서리를 치며 울음을 쏟아 내게도 한다.

그렇다면 미안함과 후회를 덜 남기기 위해 어떻게 해야 할까?

서로가 행복해지는 배려를 찾아보자. 일방적인 사랑 보다 쌍방의 사랑을 한번 생각해 볼 일이다. 일방통행 길은 나 혼자 속도를 조절해서 가면 끝날 일이다. 그러나 쌍방통행 길은 요리조리 따져야 서로 부딪히지 않고 지나갈 수 있다. 내가 좋은 속도가 아니라 서로가 좋은 속도와 방향을 조정해야 둘 다 안전하게 통과할 수 있다.

자동차는 신호를 이용하며 된다. 가볍게 경보음을 울려주거나 깜박이를 켜주면 통과하기가 수월하다. 사람의 관계도 경보음과 깜빡이가 필요하다. 그건 말로 표현해 주는 것이다. 이심전심도 좋지만 말로 표현하는 것만큼 확실한 것이 없다. 친한 관계일수록 그런 걸 꼭 말로 해야 아느냐고 하지만 말로 해야 안다. 눈빛만 보고도 알아차리는 것은 초코파이 밖에 없다. (아주 오래전 초코파이 광고에서 사용했던 멘트가 있다. "말하지 않아도 알아요.")

말로 표현하기 전에 선행되어야 할 것이 있다. 나의 기호를 내가 먼저 알고 있어야 한다. '삶' 이라는 시간을 걸어오면서 내 것을 자꾸 잃어버리며 살게 된다.

나이가 들수록 더 많이 상실한다. 내가 먹고, 하고 싶은 것보다 자녀들의 기호를 우선에 두는 일이 비일비재 하다. 그렇게 우선순위를 두었더니 자녀들이 좋아하는 것이 내가 좋아하는 것이라고 착각까지 하게 된다. 행복조차도 내 행복이 아니라 자녀들의 웃음소리가 행복의 잣대가 되었다.

인지활동지도사 강의 프로그램 중에서 "내가 행복할 때가 언제인가요?" 라는 질문지에 생각을 적어보는 시간이 있다. 모두 작성한 후에 한 가지를 제안한다. 온전히 내가 주체가 되어 느끼는 행복이 아니라면 모두 지워주시겠어요?

이 질문을 듣고 하나씩 지워가다 보면 하나도 남지 않고 모두 지워져 버린 분도 있다.

"교수님, 저 만의 행복이 없었네요. 이제부터 이 행복을 찾아봐야 될 것 같습니다."

내가 하고 싶은 말을 대신 해주는 학생의 대답이다. 그렇다. 내가 이 수업을 통해 주고자 하는 것은 온전한 나만의 행복을 찾아야 한다는 것을 알려주고 싶었다.

자녀들은 언젠가 내 품을 떠나게 된다. 물론 품 안에 있을 때 함께 하며 행복을 찾아가는 것도 중요하다. 그러나 떠나고 나서 빈둥지증후군을 느끼며 외롭지 않으려면 이별 연습을 해두어야 한다. 그 시작이 나를 찾아가는 시간이다.

세상에 같은 사람은 단 한사람도 없다. 비슷한 점은 있을지언정 같은 경우는 없다. 난 이 특성을 색에 비유하고 싶다. 같은 계열의 색은 있지만 모두 같지는 않다. 그런데 이 본연의 색이 다른 색과 섞이면 모두 같아진다. 하나씩 보면 하나의 색인데 여러 가지 색을 모두 합쳐 버리면 결국 검은색이 되어버린다.

이미 뚜렷하게 내 색을 지키며 살아오신 분들은 그 색이 더 훼손되지 않게 보존하면 될 일이고, 배려하느라 내 색에 타인의 색을 입혔다면 이제 그 색을 걷어내는 연습을 해보자. 검은 스크래치 북을 박박 긁으면 알록달록 색이 나오는 것처럼 열심히 나만의 색을 찾아보자.

"엄마, 오늘 국어시간에 산타할아버지가 만약 부모님께 선물을 가져다준다면 어떤 것을 받았을 때 좋아하실까? 라고 생각해서 적어내는 숙제가 있었어요."

"그래? 그래서 아들은 어떻게 적었는데?"

"아빠는 치킨, 엄마는 책이라고 적었어요. 맞지요?"

"응, 맞어. 우리 아들이 정확하게 알고 있었네. 고마워"

"그런데 엄마는 책이 왜 좋으세요?"

난 책이 좋은 이유를 아들에게 설명했다. 그리고 갇혀 있어도 좋으니 하루 종일 책만 읽어보는 것이 소원이라는 말도 했다. 이 말을 듣고 아들은 나에게 이렇게 말해주었다.

"엄마에게 무기징역을 선고합니다."

난 아들의 선고가 꽤 마음에 든다. 그건 내가 평소에 좋아하는 색을 뚜렷하게 표현하며 살고 있다는 증거다. 이 뚜렷함 때문에 자기 밖에 모르는 사람이라는 오해를 받기도 한다. 그러나 나는 나 밖에 모르는 사람이 아니다.

내 색이 검은색이 되지 않도록 덧입혀질 때마다 지워가는 연습을 하며 살고 있는 사람이다. 아들이 우리엄마가 좋아하는 것이 무엇인지도 모르고 있었다면 국어시간에 글쓰기 숙제는 할 수 있었을까?

먼 훗날 임종을 마주할 시간이 되었을 때 내 자녀들은 적어도 내 귀에 좋아하는 책 한권 정도는 읽어줄 수 있는 자녀들로 만들어 주고 싶다. 그게 내가 할 수 있는 최고의 배려다.

"배려는 내 생각을 알아주길 기다리는 것이 아니라 내 필요를 자신 있게 전달할 수 있는 용기를 만들어 가는 것이다."

작은 연습

고령화 시대의 화두 중 하나는 단연 '돌봄'이다. 영어로 'care'. 그 안에는 보살핌, 보호, 주의, 그리고 무엇보다도 '관심을 가지다'라는 의미가 담겨 있다. 나는 이 중에서 '관심'이라는 뜻을 가장 좋아한다.

누군가를 돌보아야 하는 상황이 오면 가장 먼저 생각해야 할 것은 그 사람에 대한 진심 어린 관심이다. 우리는 결국 관심만큼만 볼 수 있고, 관심만큼만 사랑할 수 있다. 돌봄이란 관심이라는 감정이 형태를 바꿔 나타나는 삶의 방식이다.

그런데 돌봄의 본질을 가만히 들여다보면 또 하나의 중요한 전제가 떠오른다. 바로 '자기 돌봄'이다. 타인을 돌보기 전에 나를 제대로 돌볼 줄 알아야 한다. 자기 마음을 외면한 채로는 결코 누군가의 고단함을 따뜻하게 보듬어 줄 수 없다.

얼마 전, 정신과 전문의 문요한 작가의 인문학 강연을 들었다. '나를 돌보는 시간'이라는 제목의 강연에서 그는 이렇게 말했다. "힘들 때조차도 나에게 친절한 사람이 되었으면 좋겠습니다."

그 문장은 자기 돌봄의 정수를 담고 있었다. 나 자신에게 친절해지지 않으면 결국 모든 관계는 삐걱거리게 되어 있다.

강연을 듣는 내내 떠오른 장면이 있었다. 코로나 시기,

요양보호사들이 현장 실습을 나갈 수 없어 영상 실습으로 대체되던 때였다. 그때 '고령화 시대, 부모 부양 어떻게 해야 할까요?'라는 다큐를 본 적이 있다.

그 영상에는 치매 진단을 받고 요양원에 입소한 80세 어르신이 등장했다. 어르신은 말했다. "여기서 사니까 집보다 편하고 좋아. 집에서는 혼자 우두커니 있었는데 여긴 사람도 있고, 음악도 있고… 흔들 수 있어서 좋아."

PD가 묻는다. "자식들이 보고 싶지는 않으세요?"

그때 어르신은 창밖을 바라보며 조용히 답한다. "보고 싶어도 어쩔 수 없지. 전화로 목소리나 듣는 거지. 세상이 그대를 속일지라도 슬퍼하거나 노하지 말라."

그 말이 끝나자 어르신은 의자에 기대어 또 다른 시를 읊조리기 시작했다.

"진정한 의미에서 자연의 법칙은 인간의 법칙보다 더욱 진실하였기에 계절의 순리는 어김이 없다. 저 자연이 얼마나 좋아."

촬영하던 PD는 덧붙였다.

"이곳에서 나름 재미를 찾아가며 살아가시는 듯합니다." 맞다. 그 어르신은 요양원이라는 낯선 환경 속에서 자신만의 생존법을 익혀가고 있었다. 그러나 그 '재미'라는 건 단지 즐거움만은 아니었다. 어쩌다 한 번 찾아온 딸의 뒷모습이 시야에서 완전히 사라질 때까지 그 자리에 서서 배웅하는 모습은 말 못 할 아쉬움이 가득 담긴 기다림의 표정이었다.

나는 그 어르신을 통해 진정한 자기 돌봄을 배웠다. 현실을 원망하거나 외면하지 않고, 있는 그대로 받아들이며 스스로를 다독이는 삶의 태도야 말로 매 순간을 정성스럽게 살아내는 고요한 지혜이다.

그 어르신은 요양원에서의 하루 속에서도 감사할 일을 찾는다. 작은 창문으로 보이는 나뭇잎 하나, 그 안에서 자연이 주는 위안을 발견한다. 알고 보니, 어르신은 예전엔 책을 좋아하던 분이었다. 조용히 앉아 하루 종일 책을 읽고, 좋은 문장을 외우던 삶을 살았다고 한다. 그런 어머니를 기억하던 딸은 요양원에서 춤을 추는 모습을 보고 놀랐다고 했다.

"우리 엄마가 아닌 줄 알았어요. 늘 책만 보던 분이 이렇게 신나게 춤을 추고 계시더라고요."

어르신은 기억이 흐릿해진 지금도 예전에 외웠던 문장들을 또렷하게 기억하고 있었다. 과거의 지식이 현재의 정신적 버팀목이 되어 주고 있었던 것이다. 춤을 추며 스스로를 기쁘게 하고, 시를 읊으며 내면을 단단하게 다져나가는 그 모습은 연습된 자기 돌봄의 아름다운 형태였다.

그분을 보며 알게 됐다. **우리를 바꾸는 것은 '결심'이 아니라 '연습'이라는 사실이다.** 매일같이 반복한 행동과 생각은 병마조차 쉽게 지우지 못한다. 건강할 때 나를 잘 돌보아 주는 습관은 약해진 날에도 나를 끝까지 지켜주는 힘이 된다.

결심 하나로 요양원에서 살아가기란 결코 쉽지 않다. 노인이 되어 어디에 놓이든 그 자리를 천국처럼 살아가려면 오늘부터 연습해야 한다. 기억 속에서 아름다움을 꺼내는 연습, 낯선 자리에서도 새로운 기쁨을 발견하는 연습, 그 모든 것이 결국 '나를 돌보는 작은 연습'이다.

자기 돌봄은 거창한 것이 아니다. 나에게 친절하게 말을 건네는 일, 나의 기쁨을 알고 지켜주는 일, 혼자 있는 시간을 정성스럽게 가꾸는 일이다. 그렇게 사는 사람은 결국 누구보다 잘 웃을 수 있다.

마지막으로 어르신의 시를 떠올리며 나의 삶을 다정하게 받아들이려 한다.

"삶이 그대를 속일지라도 슬퍼하거나 노하지 말라! 우울한 날들을 견디면, 믿으라, 기쁨의 날이 오리니. 마음은 미래를 살고, 현재는 슬픈 것. 모든 것은 순간적인 것, 지나가는 것이니, 그리고 지나간 날은 훗날 그리워지리니."
　　　　　　　　　　　　　　　　　　　　　　　　　－푸쉬킨

관용의 그릇

방학이 시작되면 아이들은 어김없이 일정표를 그린다. 색연필로 시간을 나누고, 해보고 싶은 일들을 조심스럽게 써 내려간다. 머릿속에 맴돌던 계획들이 종이 위에 내려앉는 그 순간, 아이들의 눈빛은 유난히 또렷해진다. 그러나 방학 내내 그 일정대로 살아내는 아이는 드물다. 나 역시 그랬고, 지금 내 아이들도 그렇다. 그럼에도 나는 일정표를 열심히 그리는 아이들의 손끝을 말리지 않았다.

실패할 걸 알면서도 매년 반복되는 그 진지한 시간 앞에서 이렇게 말해주었다.

"잘 하고 있어. 오늘 하루는 그 계획을 지킬 수 있을 거야."

실행보다 더 귀한 건 스스로에게 계획을 선물하는 마음이다. 자신과 약속을 맺는 그 순간의 진심은 실패를 담아도 소중하다. 실패를 통한 오늘의 진단, 그리고 내일을 향한 처방은 부작용이 없는 가장 좋은 성장 촉진제이기 때문이다. 이 촉진제를 아는 사람은 적어도 하루는 다르게 살아낸다. 작은 울림이 파문을 만들 듯이 그 하루가 쌓여 삶도 조금씩 바꿀 수 있다.

이런 경험은 나의 돌봄 철학으로 자연스럽게 이어진다. 치매 어르신을 돕는 중요한 원칙 중 하나도 일정표를 만드는 일이다. 치매라는 병은 기억력의 저하가 오지만 습관적으로 반복해온 일들은 몸이 기억할 수 있다. 단, 이 일정은 매일 다르게 흔들린다. 어제는 웃던 분이 오늘은 이유 없이 화를 내고, 어떤 날은 아무것도 기억하지 못한 채 낯선 하루를 맞이하기도 한다.

돌봄은 예측 불가능한 감정의 물살 속을 함께 건너는 일이다. 일정표는 금세 구겨질 수 있지만 구겨진 일정표에 마음을 빼앗기지 않아야 거센 물살을 헤쳐 나갈 수 있다. 무너져도 다시 짓고, 흐트러져도 다시 세우는 마음, 실패를 반복해도 다시 한 번 펜을 드는 그 손끝이 바로 관용이다.

돌봄 현장에서 마주치는 어르신의 반복된 혼돈 앞에서, 오늘의 실패를 온전히 감당하려면 어제의 나를 먼저 용서해야 한다.

"오늘도 안 됐네.", "왜 이렇게 안 되지?"라는 말보다 "그래도 시도했잖아.", "오늘 하루만큼은 해냈잖아." 이런 말들이 잠시 주저앉은 나를 곧장 일으켜 세운다. 실천은 그렇게, 따뜻한 말 한마디와 너그러운 눈빛에서 다시 시작된다.

관용의 사전적 정의는 다음과 같다. "남의 잘못 따위를 너그럽게 받아들이거나 용서함."
난 여기서 주체를 바꾸어 본다. "나의 잘못 따위를 너그럽게 받아들이거나 용서함." 남에게 베푸는 관용도 중요하지만 나에게 베푸는 관용은 더 중요하다. 관용을 담는 것이 곧 용기이기 때문이다. 씩씩하고 굳센 기운은 너그럽게 받아들이는 마음일 때 생겨난다.

이 정의는 내가 아는 관용의 또 다른 얼굴이다. 나를 비난하는 대신 격려하고, 멈춰 선 나를 다그치기보다 안아줄 수 있을 때 비로소 다른 이의 불완전함도 따뜻하게 바라볼 수 있다. **관용은 엄격함의 반대가 아니라, 엄격함을 품은 따뜻함이다.**

작심삼일이 반복될 때 필요한 것은 강한 의지가 아니다. 오히려 지성이다. 지성이란 지적 능력, 사고하고 이해하고 판단하는 능력을 말한다. 유사한 단어로는 지식, 지혜가 있고, 반대되는 말은 감성이다. 의지는 감성의 영역이다. 감성은 연마하지 않아도 상황에 따라 빠르게 반응한다.

그러나 지식과 지혜의 영역인 지성은 끊임없는 연마를 통해서만 체화가 가능하다. 작심삼일을 습관으로 만들 수 있는 유일한 방법은 매번 작심삼일을 반복하는 것뿐이다. 감정은 금방 불타올랐다가 식어버리지만, 지성은 생각하고 판단하고 다시 선택하게 해준다. 실천으로 연결되는 삶은 반복을 통해 만들어지는 것이니까.

가르치는 일을 하면서 나는 자주 생각한다. 학생들을 진짜 도착하게 하고 싶은 종착지는, 배운 것을 삶에서 실천하는 '실행역'이다. 이 실행 역에 닿기 위해서는 반복과 실패, 그리고 관용이 필요하다. 고정된 지식은 머릿속에 남지만 실천은 마음에서 시작된다. 마음이 나를 움직일 때 비로소 지식은 행동이 된다.

돌봄이란 결국 나를 다루는 태도가 고스란히 반영되는 일이다. 나에게 관용을 베풀 줄 아는 사람만이 타인의 반복되는 실수를 따뜻하게 지켜볼 수 있다. 돌봄은 타인의 시간을 함께 살아주는 일이며, 그 시간은 늘 완벽하지 않다. 하지만 그 불완전함 속에서도 웃을 수 있는 힘, 그것이 관용이다.

오늘도 나는 아이들과 함께 각자의 일정표를 그린다. 그것이 완벽히 지켜지지 않아도 괜찮다. 중요한 건 다시 그릴 수 있는 마음, 다시 시작할 수 있는 용기다.

관용의 그릇은 언제나 그렇게 작고 조용하게 커진다. 아주 조금씩, 그러나 분명하게.

오답노트

요양보호사 시험은 5지선다형의 객관식 문제로 총 80문항 모두 "옳은 것을 고르시오"라는 문장으로 끝난다. 수강생들은 정답을 찾기 위해 수많은 문제를 반복해서 푼다. 수업을 시작해 시험장에 갈 때까지 함께 풀어보는 문제 수만 해도 2,000개에 이른다. (내가 재직 중인 교육원에선 '빡세다'는 소문이 돌 정도이니 어느 정도는 인정한다.)

그런데 이렇게 많은 문제를 풀고도 불합격이라는 결과와 마주하는 사람들이 있다. 그 이유는 무엇일까?

17년째 가르치고 있는 강사로서 내가 찾은 핵심은 이것이다. "정답을 찾는 연습만 했기 때문"이다. 어떤 이는 묻는다. 문제를 푸는데 정답을 찾아야지, 누가 오답을 찾냐고. 하지만 여기서 중요한 건 "연습"이라는 단어다.

'연습은 정답보다 오답이 중요하다.'

정답이 중요한 건 오직 '시험 당일' 단 하루뿐이다. 그러나 많은 수강생이 연습을 실전처럼 착각하고 공부에 임한다. 그러니 시험장에서 예상치 못한 상황과 마주했을 때 당황하게 되는 것이다.

요양보호사 시험은 국시원에서 출제하며 비공개로 진행된다. 국내에 유통되는 어떤 문제집을 봐도 시험장에서 똑같은 문제를 만날 확률은 극히 희박하다. 서울에서 김 서방 찾기와도 같다.

내가 출간한 문제집도 있고, 다양한 기관 요청으로 문제를 수없이 만들어 제공했지만 100% 적중률을 장담할 수 없는 이유다. 그렇기에 어느 문제집이 적중률이 높을까를 고민하며 구매하는 것보다는 '이 문제집을 통해 정확한 개념과 답을 준비하자'는 마음으로 접근해야 한다.

무엇보다 시험장에서 당황하지 않으려면 오답노트를 작성하는 훈련이 필요하다. 틀린 문장을 정답 문장으로 고쳐 쓰는 것이다. 정답만 가득한 교재를 다시 펼쳐 읽는 것도 중요하지만 틀린 문제를 골라 오답에 줄을 긋고, 올바르게 수정한 문장을 소리 내어 반복해서 읽는 것이 훨씬 효과적이다.

2,000개의 문제를 풀고도 불합격한 이유는, 아마도 오답노트를 한 번도 제대로 써보지 않았기 때문일 것이다. 나는 제자들에게 오답노트를 작성하는 방법을 가르쳐주며 잠시 사색에 잠겼다. 문득, 인생에서도 같은 실수를 반복하고 있는 것은 아닌지.

그리고 사색 끝에 얻은 문장은 이것이다.
"인생에도 오답노트가 필요하다."
인생에서 진짜 실전은 이 땅에서 주어진 마지막 날이다. 그래서 아이들에게 인물전보다 위인전을 권하곤 한다. 인물전은 현재 살아

있는 사람들의 이야기를 담고 있고, 위인전은 이미 생을 마감한 이들의 기록이다. 지금은 존경받는 인물이라 하더라도 생이 끝나지 않은 이상, 그 존경이 끝까지 이어진다는 보장은 없다.

결국 인간에 대한 진짜 평가는 죽고 난 이후에야 완성된다. 그렇기에 아직 임종 전이라면 삶 속에서 마주하는 오답들을 정답으로 바꿔가야 한다.

그렇다면, 내 삶의 오답노트를 어떻게 만들 수 있을까?

첫째, 나 자신에게 질문을 던진다. *"오늘 하루, 나 자신에게 실수하거나 부끄러운 행동을 하지 않았는가?"*
질문은 반드시 나 자신에게서 시작되어야 한다. 때로 나를 믿지 못하고, 할 수 있음에도 주저하며 부정적인 감정에 빠지기도 한다. 이렇게 점검하는 것이 첫 번째다.

둘째, 떠오른 답을 기록한다. 그 내용이 내가 원하는 삶의 방향을 방해하는 오답이라면, 과감히 줄을 긋고 고쳐 써야 한다.
삶의 방향을 잘못 해석하게 되는 순간은 대부분 당장의 실패에만 몰입할 때다. 원하는 대로 되지 않았다는 이유로 좌절하고, 멈추고, 스스로를 의심하게 된다. 하지만 **실패는 방향을 잃은 것이 아니라**

잠시 멈춘 상태일 뿐이다.

　삶은 언제나 단선이 아니다. 눈에 보이는 한 장면만으로 전체를 판단하지 말자. 우리가 보고 있는 것은 단지 앞면일 수 있고, 그 이면에는 또 다른 의미가 숨어 있을 수 있다. 지금 겪고 있는 고비가 지나고 나면, 오히려 그것이 더 좋은 길로 이어지는 전환점이었음을 깨닫게 된다.

　이런 통찰이 생기는 순간, 실패에도 의미가 있고, 멈춤에도 이유가 있으며, 그 모든 순간에 감사를 머무르게 할 여유가 생긴다.

　셋째, 기록한 내용을 행동으로 옮긴다. 생각과 기록만으로는 변화가 일어나지 않는다. 공부를 잘한다고 해서 반드시 삶도 잘 사는 건 아니다. 오답노트를 통해 익힌 교훈이 삶에서 드러날 때 비로소 인생이 달라진다.

　삶이 더 어려운 이유는 지식보다 행동이 부족해서다.

　이제 글을 정리해 보자.

　문제 하나를 풀더라도 정확히 이해하며 풀어야 실력이 향상되듯, 인생에서도 오답이라 느껴지는 지점을 외면하지 말고, 하나씩 정답으로 바꾸어 가야 한다.

　그렇게 삶의 오답노트를 차곡히 적고, 수정하고, 실행하고 있다면 인생의 마지막 날에는 분명 정답과 마주하게 될 것이다.

변수가 피어나는 자리

요양보호사 양성교재를 보면, 각 서비스 유형에 따라 상황별 대처법이 정리돼 있다. "어르신이 식사를 거부하실 경우에는 이렇게 하세요.", "기분이 불안정하신 경우에는 이렇게 접근해보세요."

마치 지침서대로만 하면 모든 문제가 풀릴 것처럼 보인다. 하지만 현장은 다르다. 아니, 현장은 언제나 변수로 가득하다. 교재에서 말한 대로 다 했는데도 어르신은 여전히 식사를 거부하고, 기분 전환을 위해 산책을 권해도 "나가기 싫다"며 이불을 덮어버리신다. 외워둔 사례와 준비한 미소가 단 한 마디에 무너지는 날도 있다.

그럴 때면 속이 상한다.

'왜 안 되는 거지?', '내가 뭘 잘못한 걸까?' 아무리 외쳐 봐도 답은 들을 수 없다.

하지만 시간이 흐르면 알게 된다. 언제, 어디서든 변수가 작동한다는 사실이다. 그러니 교재대로 되지 않는다고 불평하면 안 된다. **교재대로 되는 일은 당연한 것이 아니라, 감사한 일이다.**

실패했다고 해서 실망하거나 내 노력을 의심할 필요도 없다. 그게 바로 내가 생각하는 '긍성'이다.

모든 일이 잘 풀릴 거라는 낙관이 아니라, 잘되지 않아도 괜찮다는 마음을 잃지 않는 태도이다. 계획은 언제든 수정될 수 있고, 마음도 언제든 다시 열릴 수 있다. 애초에 완벽이란 없다는 사실만 기억하면 된다. 이런 태도를 가진 사람만이 결국 다시 손을 내밀 수 있다.

긍정은 "괜찮다"고 말하는 연습에서 자란다. 작은 어긋남에 실망하지 않고, 예상과 다른 반응에 마음이 다치지 않는 것이다.

교재는 원칙을 알려주고 기준을 세워주기 때문에 중요하다. 하지만 현장은 책보다 넓다. 긍정은 그 책과 현실 사이에서 균형을 잡아주는 삶의 감각이다. 그 감각을 잃지 않기 위해 나는 하루에 하나씩, 작은 실천을 권한다.

말없이 고개만 끄덕이는 어르신에게도 인사를 건네 보자. "안녕하세요."가 아닌, 눈인사로도 마음은 충분히 전해진다. 어제 말을 놓았던 분에게는 다시 존댓말로 말을 건네 본다. *"어제는 제가 너무 가까이 갔던 것 같아요. 오늘은 적당히 머물겠습니다."* 거부당한 마음을 끌어안고도 다시 손을 내미는 것이다. 관계는 공들여야 열리는 문이다. 긍정은 그 문 앞에서 기다릴 줄 아는 사람의 자세다.

이런 긍정의 태도는 돌보는 사람에게만 필요한 것이 아니다. 나이 들어감을 배우는 우리 모두에게 필요한 마음이다. 삶의 시간을 지나갈수록 신체, 심리, 사회적 기능이 서서히 저하되며 '되는 날'보다 '안 되는 날'이 많아진다. 혼자 척척 해내던 일도 누군가의 도움이 필요해지고, 그때마다 우리는 문득 자신의 연약함을 자각하게 된다.

그러다 보면, '왜 아무도 몰라줄까?', '왜 내 마음을 눈치채지 못할까?'라며 서운한 감정이 일기도 한다. 그럴 때마다 돌봄의 현장에서 배운 진리를 떠올리면 좋겠다.

"계획대로 되지 않아도 괜찮다.", "상대가 내 마음을 바로 알아주지 않아도 괜찮다."

그건 누군가가 나를 무시해서가 아니라, 여전히 변수가 많은 인생길을 걷기 때문이다.

나이 들어간다는 것은 매일 조금씩 내려놓는 연습이다. 어제 쉽게 했던 일이 오늘은 더디게 되고, 늘 하던 말도 어느 날은 입가에서만 맴돈다. 이런 어긋남 앞에서 긍정을 기억하는 사람은 자신을 다그치지 않고 타인을 탓하지도 않는다.

그저 오늘 하루를 조금 느리게, 조금 조심스럽게 살아내는 것뿐이다.

"오늘은 이만큼이면 됐어.", "그래도 웃을 수 있으니 잘한 거야."

이린 작은 다독임이야말로 노년을 긍정으로 이끄는 사람의 언어다. 그러니 하루에 하나씩, 자신에게 따뜻한 말을 건네 보자. 조금 늦게 일어나도 괜찮고, 손이 느려져도 괜찮고, 혼자 밥을 먹어도 괜찮다고 이야기 해주면 된다.

긍정은 결국, 지금 이 모습 그대로의 나를 받아들이는 힘이다. 변수가 피는 자리마다 긍정을 심다 보면 어지러운 풍경조차도 결국은 하나의 무늬가 되어 빛나게 될 것이다. 불완전한 순간들 속에서도 피어나는 아름다움은 분명 존재하니까.

노인이 되어간다는 것은 어쩌면 불완전한 시간마저 품을 수 있는 마음을 선물 받는 일인지도 모른다.

도피성 쌓기

나는 강의를 하며 수많은 수강생을 만난다. 그중 지금도 유독 기억에 남는 한 수강생이 있다. 중년의 남성 수강생이었는데 그는 첫 수업부터 유난히 질문이 많았다. 말투도 다소 직설적이어서 때로는 따지는 것처럼 들렸다. 나를 시험에 들게 하려는 걸까, 수업을 방해하려는 건 아닐까 싶은 의심이 내 안에 피어올랐다.

그날 수업이 끝난 뒤, 그는 조심스럽게 다가와 내게 말했다.
"교수님, 좀 불편하셨죠? 그런데 제가 이 일을 정말 간절히 해야 해서 그래요. 어머니를 직접 돌보다 보니 제대로 알고 싶다는 생각이 커졌거든요."

그 말을 듣는 순간 머릿속에서 무언가 무너지는 느낌이었다. '시비를 걸려는 사람'이라는 내 단정은 사실 '절박하게 배우려는 사람'의 모습이었다. 어머니를 돌보는 아들의 마음이 그날 따라 유난히 날카롭게 표출됐을 뿐이었다.

그 후로 나는 그를 다르게 보기 시작했다. 여전히 질문이 많았지만 더 성의껏 답했고, 그는 더 깊이 이해하려고 애썼다. 수업이 끝나갈 무렵, 그는 또 내게 와서 말했다.
"교수님, 제가 그동안 너무 급하게 굴었던 것 같아요. 죄송하고 또 정말 감사드립니다. 간절함은 성급함으로 채울 수 없다는 것을 알았습니다."

도피성 쌓기

그 순간 나는 깨달았다. 내가 상대방을 이해하려고 마음을 열면 상대방도 나를 이해하려는 태도로 다가온다는 것이다. 편견은 단순히 잘못된 생각에 그치지 않는다. 그것은 서로의 진심을 가로막는 벽이 되기도 한다.

이런 경험들은 내가 편견을 더 진지하게 바라보게 만든 시간이었다.

우리는 흔히 편견을 '색안경'에 비유하곤 한다. 그 색안경의 색은 다름 아닌, 내가 지금까지 살아오며 쌓아온 경험들에서 비롯된다. 다양한 삶의 결을 경험해왔다면 여러 빛깔을 가진 안경을 쓸 수 있겠지만, 누구나 제한된 삶을 살아가기 마련이다.

그래서 편견은 모든 인간에게 존재할 수밖에 없다. 중요한 것은 이를 인정하는 것에서 멈추지 않고, 그 위에 '수정하려는 태도'를 더하는 일이다. 그럴 때에야 비로소 색은 조금씩 옅어지고, 세상은 더 다채롭게 보이기 시작한다.

편견을 다루기 위해 내가 쌓기 시작한 것이 '도피성'이다. 여기서 도피성은 단순한 회피가 아니다. 감정과 지성을 잠시 안전하게 미룰게 하여 곧장 반응하지 않도록 돕는 내면의 공간이다.

첫 번째로 도피성은 감정을 가두는 성이다. 감정은 편견과 짝을 이루어 폭발적인 결과를 만들기 쉽다. 나는 매번 강의 첫 시간에 기본적인 예절을 안내한다. 핸드폰은 진동으로, 수업 중 앞문 출입은 자제해달라고 부탁한다. 하지만 17년째 수업 중 울리는 벨소리, 불쑥 열리는 문은 익숙한 풍경이다.

그럴 때마다 올라오는 감정이 있다. '내 말을 무시하나?', '이런 태도로 요양보호사 일을 할 수 있을까?' 하지만 이 판단은 너무 성급하다. 핸드폰 벨이 울렸다는 이유만으로 누군가의 인성을 단정 지을 수 있을까?

그래서 나는 감정이 솟구칠 때마다 마음속 도피성으로 피신한다. 뜨겁게 달아오른 마음을 식히기 위해 이성을 부른다. 이성은 질문을 던진다. '진동으로 못 바꾼 이유가 있었을까?', '지각이 걱정돼 급히 오느라 깜빡했을 수도 있지 않을까? 그래, 그럴거야. 나도 가끔은 습관이 되지 않아 깜빡할 때가 있고 다른 이를 불편하게 할 때도 있는데 뭐 그리 철저한 사람이라고 핀잔을 해. 그럴 자격도 없는 사람이면서… 수업을 듣는 학생들도 모두 이해하고 넘어가 주는데 강사인 나도 참고 넘어가야지.'

이렇게 하나씩 상황을 되짚다 보면 처음의 뜨거움은 점차 사그라들고 대신 따스함이 남는다. 순간의 감정으로 벽을 쌓기보다 이성이라는 도피성 안에서 멈춤과 숙고의 시간을 가지는 것이다.

두 번째로 도피성은 배움을 위한 성이다. 편견은 때때로 무지를 드러내는 거울이기도 하다. 요양보호사 교육에서 자주 다루는 주제가 치매다. 가장 많이 알려진 두 가지 유형, 알츠하이머와 혈관성 치매 외에도 치매는 다양한 종류가 있다.

그래서 나는 수업 시간에 이런 질문을 던진다. "치매의 종류가 몇 가지일까요?" 대답은 대체로 엇갈린다. 이 질문은 숫자 맞히기가 아니다. 두 가지 정도만 떠올리는 현실을 보여주기 위함이다.

만약 치매의 종류를 두 가지로만 알고 대상자를 대한다면 질문도 이렇게 될 것이다. "알츠하이머이신가요, 아니면 혈관성 치매이신가요?" 그러나 진짜 필요한 질문은 "치매이신가요? 어떤 종류인지 여쭤 봐도 될까요?"라는 겸손한 태도다.

배움은 편견을 깰 수 있는 가장 현실적인 길이다. 내가 아는 것이 전부가 아니며, 언제든 새롭게 배워야 한다는 자세는 도피성의 가장 단단한 벽돌이다. 자존감과 자존심이 시소처럼 움직인다면 배움을 통해 쌓이는 자존감은 자존심을 억누를 수 있는 무게를 만들어 준다.

한 권의 책에서 모든 답을 얻었다고 믿는 사람은 더 이상 어떤 책도 읽지 않는다. 이미 모든 것을 알았다고 믿기 때문이다. 그 믿음은 가장 단단한 편견이 된다. 반면, 진짜 배움은 끝없는 수정과 질문을 동반한다.

직접 경험을 통해 편견을 깨는 삶이 가장 좋겠지만, 그런 기회는 누구에게나 주어지지 않는다. 누구에게나 공평하게 주어진 길은 독서와 공부다. 스스로 도피성을 쌓아가는 이 작은 노력이 결국 나를 단단하게 만들고 더 넓은 세상을 받아들일 수 있는 마음을 키운다.

하나만 알고 둘은 모르는 채 살아갈 수도 있다. 그러나 세상은 무지개의 색처럼 다양하다. 무지개의 모든 색을 볼 수 있다면 더 많은 기쁨과 감사, 행복을 만날 수 있을 것이다. 그날을 가슴에 품고 오늘도 나는 도피성을 한 줄 더 쌓는다.

그 도피성이 어느 날, 편견 없는 시선을 품는 성곽이 되기를 바라면서.

바래지 않는 기억

마음을 내어주는 사람과의 시간은 오래도록 바래지 않는다.

"할머니, 졸리시면 주무셔도 돼요."
"아니야, 얼른 하던 거 마저 해. 괜찮아."
"진짜 괜찮은데… 주무세요."

괜찮다는 말을 몇 십번쯤 주고받고서야 실랑이가 끝이 난다. 시험 기간마다 반복되는 나와 할머니만의 밤샘 대화다. 할머니는 늘 말씀하셨다.

"딸은 해산의 고통을 겪고 낳은 자식이지만, 손녀딸은 애처로움으로 키운 자식이다."

엄마 없이 자랐다는 말을 듣게 하고 싶지 않아서 배 아파 낳은 자식보다 더 애타는 마음으로 키운 사람이 바로 나의 할머니다. 할머니가 그리울 때마다 떠오르는 이야기가 있다.

종달새는 남의 둥지에 슬그머니 알을 낳아 놓은 뻔뻔스러운 뻐꾸기 대신 알을 품어주고, 이윽고 새끼가 알을 깨고 나오면 정성껏 새끼를 길러주는 새다. 엄마도 사정이 있어서 나를 할머니 손에 맡겼으니 뻔뻔스러운 뻐꾸기는 아니지만 온 마음을 쏟아 키운 할머니는 나에게 종달새 같은 분이다. 알을 깨고 나온 새끼를 멀리 보내고, 매일 노심초사했을 그 마음을 안다. '정안수'를 떠 장독대에 올려놓고 두 손 모아 기도하던 모습이 아직도 생생하다.

그 정성을 가득 담아 나를 찾아오는 날은 시험 며칠 전, 벼락치기 공부가 시작되는 시점이다.

나는 혼자 자취를 하며 지냈고, 할머니는 밥은 잘 챙겨 먹는지, 빨래는 하는지 궁금했지만 그 걱정은 내게 맡기셨다. 하지만 시험 기간만큼은 꼭 찾아오셨다. 밥하고 빨래할 시간을 줄여주기 위함도 있지만 진짜 이유는 따로 있다.

새벽이슬이 맺힐 때까지 외롭지 않게 곁에 있어 주기 위해서다. 그 새벽은 쉽사리 오지 않는다. 졸음이 수없이 고개를 끌어내려도 할머니는 포기하지 않았다. 눈꺼풀이 내려앉을 때마다 고개를 다시 들고, 나를 향한 시선을 놓지 않았다. 그 고집스러운 사랑이 내 집중력을 붙잡아주는 듯했다.

"학교 다녀오겠습니다."

시험 보러 나가는 내 인사와 함께 밤샘의 전쟁이 끝난다. 그제야 할머니의 고개는 무너지고, 쪼그려 앉은 채 잠든 코골이 소리는 마치 승전고처럼 울려 퍼진다. 나는 그 소리에 웃음을 머금고 힘차게 학교로 향하곤 했다.

'노인의 심리적 특성' 중 하나인 '유산을 남기려는 경향'을 설명할 때 이 이야기를 예시로 든다.

노인은 자신이 이 세상에 살았다는 흔적을 남기고 싶어 한다. 혈육, 물질적 재산, 업적 같은 형태로 말이다. 공동묘지 비석만 봐도 알 수 있다. 우리나라 비석에는 가족 이름이 빠지지 않는다. 자식이 많구나, 없구나, 손주도 있구나. 그렇게 평가된다. 하지만 나는 혈육의 흔적이 그리 중요하지 않다.

물질적 유산도 관심이 없다. 자식에게 물려준 재산이 많으면 결국 변호사 배만 불린다는 말도 있지 않은가. 내게 중요한 건 '업적'이다. 좀 더 정확히 말하면 내가 중요하게 여긴 '가치'의 흔적이다.

"호랑이는 죽어서 가죽을 남기고 사람은 죽어서 이름을 남긴다."
라는 말이 있다. 나는 이 말을 이름보다 '가치'와 '실천'의 흔적으로 이해하고 싶다. 그리고 나에게 그런 가치를 남겨주신 분은 바로 고집 센 할머니였다.

'자식이 힘들 때 곁에 있어주는 사람은 말보다 행동으로 실천하는 사람'이라는 것. 그것이 할머니가 내게 남긴 가장 큰 유산이다. 지금 나는 그 유산을 따라가며 살아보려 애쓰고 있다. 큰딸이 중학생이 되며 본격적으로 공부를 시작했을 때, 나 역시 야밤 작가가 되었다. 시험기간이면 자정 넘어 까지 글을 쓴다. 이유는 하나다. 잠과 싸우며 책상에 앉아 있는 딸의 곁을 지켜주기 위해서다.

"나 이런 사람이었어."

그 말이 꼭 필요하진 않다. **말보다 더 오래 남는 건 시간 속에서도 흐릿해지지 않는 선명한 기억이기 때문이다.** 할머니는 그런 분이었다. 시간이 흐를수록 더 또렷하게 떠오르는 사람이다. 요즘도 문득 보고 싶어질 때면 가슴속에 뭉근하게 차오른 그리움이 눈물로 번지고, 그 사이로 할머니는 조용히 다녀가신다. 한 번도 멀리 떠난 적 없는 사람처럼 그렇게 만난다.

왜 그땐 더 따뜻하게 말 한마디 못했을까, 왜 더 오래 안아드리지 못했을까. 하지만 이제야 알게 된 이 마음이 내 아이들에게 이어지기를 바란다.

자녀들이 조금씩 자라날수록 문득 깨닫게 된다. 내가 해줄 수 있는 일이란 결국 바라봐 주는 일, 묵묵히 기다려주는 일뿐이다. 때로는 그 아이들의 어려움을 대신 짊어지고 싶고, 시험 앞에 선 긴장마저 덜어주고 싶지만 아무리 애를 써도 대신해줄 수 없는 일들이다. 그래서 더 애타고 조심스럽다.

결국 내가 할 수 있는 단 하나는 할머니가 내 곁을 지켜주셨던 것처럼 아이들의 시간 곁을 함께 걸어주는 일이다. 외롭지 않게, 포기하지 않게, 조용히 곁을 내어주는 것이다.

그래서 오늘도 다시 마음을 다잡는다. 언젠가 내 아이들이 기억할 '바래지 않는 기억' 속 한 사람이 되기 위해 그런 삶을 살아내겠노라고.

"자녀에게 남길 수 있는 가장 깊은 유산은 내가 어떻게 살아왔는가를 말없이 증명해내는 삶 그 자체다."

3장

관계는 비무장 지대
: 적당한 거리에서 마음을 내어주는 연습

뒤 바뀐 마음의 풍경

"여보, 친구랑 밥 한 끼 먹고 올게요.", "그래요. 좋은 시간 보내고 와요."

남편이 친구와 점심 약속이 있다며 외출한다기에 반가운 마음으로 인사를 건넸다. 남편의 식사에서 잠시 해방된다는 기쁨, 그리고 혼자만의 시간이 주는 설렘이 따라왔다.
하지만 그 행복은 오래가지 않았다. 점심을 먹으러 갔던 남편이 두 시간도 채 되지 않아 돌아왔기 때문이다.

"여보, 친구 만나 식사한다면서 왜 이렇게 빨리 왔어요?", "밥 다 먹고 왔는데."

남편은 아내의 질문이 이해되지 않는다. 반대로, 아내가 친구를 만나 외출한 날을 떠올려보자.
"밥만 먹고 온다더니 왜 이렇게 늦었어요?"

남편은 단순히 식사만 하고 돌아올 줄 알았겠지만, 아내는 식사를 마친 후 카페에 들러 차를 마시고, 미처 나누지 못한 이야기를 풀어내느라 해가 뉘엿뉘엿 질 무렵이 되어서야 귀가했다.
그런 아내 역시 남편의 질문이 당황스럽다.

왜 이렇게 다를까? 같은 말을 해도 서로의 행동은 너무도 다르다. 중년의 부부는 왜 이렇게 어긋나는 걸까?

여러 이유가 있겠지만, 간호사 출신인 나는 그중 하나로 '호르몬의 변화'를 말하고 싶다. 호르몬은 인체의 작용을 촉진하거나 억제하는 조절자다. 이 균형이 깨지면 질환이 생기기도 하지만, 질환이 아니더라도 갱년기에는 호르몬 변화로 신체와 심리의 균형이 흔들리기 시작한다.

흔히 오해하지만, 여성은 여성호르몬만, 남성은 남성호르몬만 갖고 있는 것이 아니다. 여성에게도 소량의 남성호르몬이 있고, 남성에게도 여성호르몬이 존재한다. 그런데 갱년기가 되면 여성은 여성호르몬이 급감하며 상대적으로 남성호르몬의 영향이 커지고, 남성은 반대로 여성호르몬의 비율이 증가한다.

이 변화로 인해 아내는 이전보다 더 능동적이고 활동적인 성향을 보이고, 남편은 예전보다 더 수동적이고 내성적으로 바뀔 수 있다.
그런데 우리는 이런 변화를 종종 간과한다. 정반대로 변해가는 배우자를 이해하지 못해 부부 사이가 멀어지는 경우도 생긴다. 호르몬의 변화는 감정만이 아니라 관계에도 영향을 미친다.

"이유 없는 당연함은 없다."

이유를 찾으려는 태도는 곧 이해의 시작이다. 배우자가 이전과는 달라졌다고 느껴질 때, 그것이 호르몬의 영향이라는 사실을 알게 되면 감사함이 싹튼다. 나는 네가 되고, 너는 내가 되어가는 중이니, 예전에 그 입장에서 살아본 사람으로서 장점은 격려해 주고 단점은 너그러이 받아들이자.

남편은 갱년기 전, 친구들과 어울리며 활동적으로 지냈던 자신의 모습을 떠올려야 한다. 그렇다면 늦게 귀가한 아내를 타박하는 대신, 그 즐거움을 이해하고 기회를 줄 수 있을 것이다. 아내도 마찬가지다. 갱년기 전, 조심스럽고 위축된 삶을 살던 자신을 떠올린다면, 남편의 빠른 귀가를 못마땅하게 여기는 대신 그 변화에 따뜻하게 반응할 수 있을 것이다.

물론 이 이야기가 모든 부부에게 해당되는 진리라고 할 수는 없다. 갱년기를 겪으면시도 큰 변회 없이 관계를 잘 유지하는 이들도 많다. 하지만 혹시라도 갱년기를 지나며 부부 사이가 어긋나고 있다면, 이 시선을 한 번쯤 가져보는 것도 의미가 있다. 인체를 떼어놓고 '사람'을 이해할 수는 없기 때문이다.

서로의 입장이 바뀌는 경험, 이 긍정적 효과를 삶에 적용해보자. 이 경험은 우리를 '존중'이라는 단어에 더 가까이 데려다줄 것이다.

존중이란, "있는 그대로를 인정하는 것"이라 했다. 그러나 이 말만큼 실천하기 어려운 말도 없다. 그대로를 인정하려면, 상대방의 입장에서 살아보는 경험이 있어야 가능하다. 다행히 중년기 부부는 갱년기를 통해 그런 '특혜'를 공평하게 받는다. 서로의 성향을 이해할 수 있는 단서를 몸으로 경험한 사람들이다.

이 경험은 입체적인 시야를 준다. 하나의 관점이 아닌 두 가지 관점을 동시에 볼 수 있는 사람. 어떤 시선으로 상대를 바라보아야 할지 아는 사람. 그런 사람이라면 만족스러운 노년기를 준비할 수 있다.

그럼 어떻게 해야 할까? 나는 '현미경'과 '망원경'을 잘 활용해야 한다고 생각한다.

망원경은 멀리 있는 것을 보기 위한 도구다. 부부 사이도 때로는 일정 거리를 두고 멀리서 봐야 할 때가 있다. 너무 가까이 있으면 객관성을 잃고 비판자나 교정자가 되기 쉽다.

"당신 그거 하지 마요. 금방 그만둘 거잖아요."

끈기가 부족한 배우자를 걱정해주는 말처럼 보이지만, 이 말은 시작조차 못 하게 만드는 강력한 접착제다. 이럴 때는 망원경을 꺼내 들어야 한다. 최대한 멀리 보내라. 단점이 보이지 않을 정도의 거리에서 장점에 집중하라. 옆집 사람을 대하듯 객관적으로 바라보는 관망만으로도 충분하다. 반대로, 현미경이 필요할 때도 있다.

"당신이 그래서 하루 종일 우울했구나. 내 입장이어도 힘들었을 거 같아요."

이처럼 깊이 있는 공감은, 거리감을 두면 절대 할 수 없다. 상대의 마음속으로 들어가야만 보이는 미세한 감정들이 있기 때문이다. 눈이 아니라 마음으로 봐야 하는 순간이다.

이처럼 상황에 따라 거리를 조절하는 유연함이 필요하다. 가까이 다가서야 할 때와 멀리 떨어져야 할 때를 아는 것. 그것이 현명한 부부의 태도다.

사랑과 우정 사이를 넘나들며 살아가는 관계는 결국 '존중' 위에 세워져야 한다. 그리고 그 존중은 일정한 마음의 거리두기, 즉 비무장지대가 있을 때 유지된다. 프롤로그에서 언급한 이유도 여기에 있다. **비무장지대는 군사적 충돌을 막기 위해 존재하지만, 모든 관계에서도 충돌을 막는 공간이 반드시 필요하다.**

비유가 될지 모르겠지만 비무장지대는 인간의 손이 닿지 않기에 오히려 야생 동물의 낙원이 된다. 야생 그대로 존중받는 공간, 부부 관계도 마찬가지다. 서로에게 야생의 한 켠을 남겨둘 수 있어야 한다. 그것이 건강한 관계의 출발점이 된다.

다정한 호기심

한때 우리 부부는 주말부부로 몇 해를 지냈다. 남편은 매주 금요일이면 집으로 돌아왔고, 나는 아무리 바빠도 화장을 지우지 않았다. 오히려 도착할 시간쯤이면 거울 앞에 앉아 평소보다 더 정성스레 화장을 했다. 보고 싶은 마음을 보여주는 나만의 표현 방식이었다.

누구든 민낯이 예쁘긴 어렵다. 가끔 남편은 "화장 안 한 얼굴이 더 예쁘다"고 말하곤 했지만, 나는 그 말을 고지 곧대로 믿지 않았다. 나는 꾸민 남편의 얼굴을 더 좋아하는 여자이기 때문이다. 서방님 역시 내게 말했다. "화장한 얼굴이 좋다." 그 한마디에 난 망설이지 않았다. 금요일 저녁마다 화장한 얼굴로 남편을 맞이하는 일은 작은 수고 같지만 나에겐 꽤 의미 있는 예식이었다.

지금은 더 이상 주말부부가 아니지만, 금요일의 그 약속은 여전히 지켜지고 있다. 단, 조건이 있다. 회식이나 약속이 있다면 미리 알려달라는 것이다. 저녁 8시가 넘으면 약속은 종료되기 때문이다. 물론 이건 남편의 동의 아래 정해진 룰이다. 누구도 강요하지 않았고, 누구도 희생하지 않았다. 서로의 감정을 존중해 만든 작은 약속 일 뿐이다.

서로가 원하는 모습을 위해 애쓰는 과정, 그것이 배려이고 우리가 생각하는 사랑이다. 남편은 지금도 매일 헬스장에 간다. 아이 셋을 낳고 늘어진 내 뱃살보다도 여전히 단단하고 탄력 있는 몸을 유지한다. "난 배 나온 남자보다 배 안 나온 남자가 좋아." 언젠가 내가 던진 한마디에 진심으로 응답해준 것이다. 다소 독특하게 들릴지도 모르겠다. 하지만 이렇듯 서로의 기대에 귀 기울이며 맞춰가는 시간이 우리 부부가 쌓아온 사랑의 방식이었다.

사랑은 막연한 감정이 아니라 구체적인 표현이다. 그리고 그 표현은 대부분 '질문'에서 시작된다.

"내가 어떻게 해주면 기분이 좋을까?", "어떤 걸 도와주면 당신이 행복할까?"

이 질문들은 사랑이 멈추지 않도록 돕는 최소한의 장치다. 시간이 지나면 사랑은 자연히 사그라지는 것이 아니라, 질문을 멈추었기에 마모되는 것이다. 질문이 없으면 상대는 '당연한 존재'가 되고, '잘 알던 사람'은 점점 '오해의 대상'이 되어간다.

《사랑의 언어》라는 책에 나오는 어느 부부의 대화가 오래도록 내 마음에 남아 있다.

남편은 말했다. "나는 당신을 사랑하지 않은 적이 없어. 회사를 성실히 다니며 가족이 궁핍하지 않게 했고, 생일이면 원하는 선물도 다 해줬고, 바람 한 번 피우지 않고 남편 자리도 잘 지켰잖아."

그 말을 듣던 아내가 대답했다.

"다 고맙지만, 내가 정말 원했던 건 당신이 일찍 퇴근해서 같이 저녁을 먹는 일이었어. 난 그 시간이 가장 그리웠어."

남편은 열심히 사랑했지만 그것이 아내에게는 '외로운 배려'였던 것이다. 사랑은 마음만으로 충분하지 않다. 사랑은 늘 확인되어야 한다. 질문은 그 확인의 시작이자, 마음을 동기화하는 도구다.

나는 요양보호사 양성 강의를 할 때도 이 '질문'을 반드시 다룬다. 수업을 시작하면 교재에 나오는 행동원칙들을 차례로 읽는다. 하지만 그냥 읽고 지나가지 않는다. 지식만 쌓고 행동은 바뀌지 않는 수업은 의미가 없기 때문이다.

"강의는 영화처럼 감상평을 남기는 게 아닙니다. 삶을 바꾸는 태도를 만들어주는 것이어야 합니다."

그래서 행동원칙을 이야기할 때마다 나부터 지키는 원칙들을 공유한다. 그중 중요한 하나의 원칙은 상대의 마음을 묻는 일이다.

돌봄은 사랑보다 훨씬 더 예민한 현장이다. 신체적 불편함, 마음의 불안정함이 겹쳐 있는 상태에서, '내가 하고 싶은 방식'으로 접근하면 관계는 삐걱거린다. 아무리 좋은 마음도 설명 없이 실행되면 '배려'가 아니라 '통보'가 된다.

"제가 이렇게 해드릴까요? 괜찮으실까요?", "어떻게 해드리면 더 편하실까요?"

이 한마디가 사람의 마음을 누그러뜨린다. '존중받고 있다'는 감정은 돌봄의 시작이다. 단순한 서비스가 아니라 '함께 사는 사람'으로 대우받는 순간, 신뢰가 쌓이고 그 신뢰가 삶의 품격을 만든다.

무작정 열심히 한다고 다 되는 건 아니다. 어떤 마음으로, 어떤 질문을 담아 노력하느냐가 중요하다. 될 만한 열심은 상대의 마음을 묻는 데서부터 시작된다.

사랑도, 돌봄도, 관계도 다르지 않다. 내가 주고 싶은 것이 아니라, 상대가 받고 싶은 방식으로 다가가야 한다. 그 질문에서부터 모든 관계는 조금씩 따뜻해진다.

너희 집 비밀번호

"저기요, 저기!"

숨이 찰 만큼 열심히 걷고 있지만 앞사람의 속도를 따라잡는 건 쉽지 않다. 혼자만 앞서가는 사람에게 원망을 담아 부르는 목소리는 점점 거세진다.

앞서가는 이는 할아버지고, 뒤따르는 이는 할머니다. 부부이지만 나란히 걷는 일이 어색한 사이며, 손을 맞잡는 다정함보다는 각자의 속도로 걷는 삶이 오래된 습관처럼 굳어 있다.

대한민국이 OECD에 가입한 지도 오래되었고, 누군가는 이제 우리가 선진국이라 말한다. 그러나 '부부관계'만큼은 아직 선진국 반열에 들지 못한 것 같다.

외국 영화나 드라마에 나오는 노부부들은 나이와 상관없이 다정함을 잃지 않는다. 백발이 성성한 부부가 팔짱을 끼고 걷거나 입맞춤을 나누는 장면이 어색하지 않다. 아니, 자연스럽고 아름답다.

우리라고 못할 게 뭐가 있을까. 그런데 우리는 부러움으로 그 모습을 바라보는 데 그친다. 이유는 간단하다. 삶의 중심을 부부에게 두지 않았기 때문이다. 자녀에게 모든 것을 쏟아 붓고 나면, 남는 건 부모라는 역할만 남는다.

외국의 부부들은 부모가 된 이후에도 부부로서의 정체성과 일상을 놓지 않았다. 반면, 우리는 부모가 되는 순간 부부의 삶을 내려놓고, 자녀를 향해 올인 한다. 자녀는 잠시 함께 머물다 떠나는 손님이어야 하는데, 집안의 중심으로 삼아버린 것이다.

부부로 살아가다 부모가 되는 건, 역할의 '더하기'이지 '전환'이 아니다. 이 원리를 놓치면 부부의 삶은 점점 잊혀지고, 자녀를 위해 사는 삶 만 남는다. 그리고 언젠가 자녀가 떠난 뒤, 허공에 떠 있는 중년 이후의 부부는 대화의 실마리를 찾지 못해 어색해진다.

자녀가 있을 땐 자녀 이야기로 공감했지만, 자녀가 출가하고 나면 둘만 남는다. 그제야 서로를 바라보지만, 이미 대화할 주제도 함께 할 취미도 다정한 기억도 사라진 뒤다.

노년의 부부가 자녀들을 기다리는 일은 그래서 늘 외롭다. 아이들이 집을 찾아오지 않으면 전화를 한다.
"아들, 딸, 주말에 뭐 하니? 엄마가 김치 담갔는데 가져갈래?"

김치를 주고 싶은 걸까. 아니면 김치를 핑계 삼아 외로움을 덜고 싶은 걸까.

더 나아가, 어떤 부모는 자녀 집의 비밀번호까지 알고 있다. 며느리가 아닌, 장모님이 그렇다. 어느 날 현관문 비밀번호를 누르는 소리에 놀란 사위가 "누구세요?"라고 묻자, 문을 열고 들어온 사람은 장모님이었다. 청소와 반찬을 해주는 우렁 각시 같은 손길이지만, 때로는 자녀 부부에게 부담이 된다.

딸이 힘들까봐 돕는다는 이유로 자연스럽게 집을 드나들지만, 그 행동이 자녀 부부의 공간을 침범하고 있다는 자각은 부족하다. 자녀 부부의 삶에 도움이 되기보다는 간섭이 되고, 거리낌 없는 방문은 때로 자립심을 갉아먹는 요소가 되기도 한다.

심리학자들은 건강한 육아의 핵심으로 '이별할 수 있는 힘'을 꼽는다. 아이가 떠날 수 있도록 사랑하고, 부모도 이별을 견딜 수 있어야 한다는 뜻이다. 진정 잘 키운 부모는 자녀가 떠난 뒤에도 무너지지 않는다.

노년의 부부가 자녀와의 건강한 거리두기를 위해 할 수 있는 일은 의외로 간단하다. 자녀의 방문을 기다리지 말고 섣불리 찾아가지도 않으면 된다.
대신, 다시 둘만 남은 이 삶에서 서로의 공감대를 회복하는 데 열중해야 한다. 함께한 시간이 많다고 자연스레 친밀해지지 않는다.

친밀함은 대화와 관심을 통해 쌓인다.

공통의 관심사를 찾고, 서로의 취향을 존중하며, 다름을 받아들이는 연습이 필요하다. 남편은 아내가 좋아하는 영화를 함께 보고, 아내는 남편이 즐기는 등산을 따라 나서보는 식이다. 이런 작은 동행들이 다정함을 만든다.

포옹이나 입맞춤 같은 애정 표현도 마찬가지다. 나이가 들수록 몸은 굳지만, 마음까지 굳을 필요는 없다. 배우자가 원하는 표현 방식을 이해하고, 어색함을 넘어 다정함으로 다가갈 준비가 되어야 한다.

그리고 무엇보다 중요한 것은 자녀 부부의 시간과 공간을 침범하지 말아야 한다는 것이다. 주말에 무작정 전화를 걸어 "언제 오니?"라고 묻기보다는, 자녀 부부가 서로에게 집중할 수 있도록 배려하는 자세가 필요하다. 요청이 오지 않는다면 아직 간섭이 필요 없는 시기라는 뜻이다.

사람은 간절할 때 도움을 구하고, 그 도움에 가장 큰 감사를 느낀다. 그러니 묵묵히 기다리자. 준비된 부모는 요청받았을 때 조용히 나타난다. 그리고 자녀에게 이렇게 말해줄 수 있어야 한다.
"아들, 딸. 엄마, 아빠는 너희 집 비밀번호가 궁금하지 않아."

그 말 속엔 선이 있다. 자녀의 집은 내 집이 아니며, 나는 손님처럼 예의를 갖추겠다는 존중의 태도가 담겨 있다. 관계는 그 선을 지키는 데서 시작된다.

우리의 부부 생활을 자녀가 보고 있다. 부부로서 살아가는 모습을 지켜본 자녀만이 부부로서 살아가는 삶을 상상할 수 있다. 부모로서 사는 모습만 보여주면, 그들 역시 '부부'의 삶을 잊은 채 나이 들지도 모른다.

이제는 물려줄 유산을 다시 생각할 때다. 재산보다 더 중요한 유산은, 좋은 관계의 모델이다. 좋은 건 자녀에게 물려주고, 좋지 않은 건 내 세대에서 끊어야 한다.

먼 훗날, 나의 아들과 딸이 노년의 부부가 되어 나란히 팔짱을 끼고 거리를 걷는 모습을 보고 싶다면, 지금 이 순간 배우자의 팔짱부터 다시 끼는 연습을 시작하자.

전화기 너머의 마법

전화기 벨이 울리자마자 딸이 통화 버튼을 눌렀다. 그런데 한동안 아무 말이 없다. 정적을 만든 사람이 누구인지 궁금해 발걸음을 살며시 딸 옆으로 옮겼다. 이윽고 들려오는 목소리는 딸의 친할머니이자, 나의 시어머니다.

"세상에서 가장 예쁜 공주님, 가장 멋진 공주님, 가장 지혜로운 공주님, 가장 귀여운 공주님, 우리 하은아~"

시어머니는 손녀의 이름을 결코 함부로 부르지 않는다. 반드시 마법의 말들을 늘어놓은 뒤에야 이름을 불러준다. 이 따스한 의식 덕분에 손녀는 입가에 함박웃음을 머금고 그 정적을 마음껏 즐긴다.

시어머니가 부리는 마법은 쉽게 풀리지 않는 강력한 힘을 지니고 있다. 어린 시절부터 그 마법에 길든 아이는 어느새 18살 고등학생이 되었지만, 여전히 자존감 높은 아이로 자라고 있으니 말이다.

내가 아는 가장 지혜로운 할머니는 비로 니의 시어머니다. 손자녀만 열한 명, 우리 아이들이 막내들이다. 연습이 많아서일까, 아니면 타고난 천성일까. 여쭤본 적은 없지만, 둘 다 갖추셨음은 분명하다.

나는 시어머니를 통해 '이상적인 조부모-손 자녀 관계'가 어떤 것인지 배웠다. 조부모는 부모가 미처 다 건네지 못한 사랑을 마음껏 줄 수 있는 자리다. 왜냐하면 조부모에게는 '책임'이 없기 때문이다.

그 책임 없음은 앞서 말한 '관계의 비무장지대' 덕분이다. 서로를 더 사랑하고 존중하려면 거리가 필요하다. 조부모-손 자녀 관계는 자연스레 이 거리를 유지할 수 있다. 그 사이에 부모가 있다. 이 거리감만 잘 지켜도 손 자녀의 기억 속에 따뜻한 존재로 남을 수 있다. 그렇다면, 어떻게 이 '건강한 거리'를 유지할 수 있을까?

조부모는 연습이 가능하다. 자녀가 아이를 낳기까지의 시간이 길어진 요즘, 조부모가 되기 전 충분한 준비 시간이 있다. 그 시간 동안 다음과 같은 연습을 해보면 좋다.

첫째, 애정 표현 연습이다. 손 자녀는 '보기만 해도 예쁜 존재'지만, 예쁜 마음은 표현할 때 그 힘이 발휘된다. 나는 이렇게 말하곤 한다. *"감사한 마음은 50점, 표현하면 100점."*
애정도 마찬가지다. *"애정 하는 마음은 50점, 표현하면 100점."*

두 팔을 먼저 벌리고, 입을 활짝 열어야 한다. 따뜻한 말과 품이 손 자녀의 마음에 햇살처럼 스며든다.

둘째, 꾸중하지 않는 연습이다. 조부모는 아이들이 불안할 때 가장 먼저 찾는 존재가 될 수 있다. 엄마 아빠에게는 말 못할 고민, 친구에게도 말 못할 속마음을 조부모에게는 털어놓을 수 있다.

혹시라도 훈육이 필요하다고 느껴진다면 부모에게 그 사실을 전하자. 조부모는 '선'의 역할을, 부모는 '악'의 역할을 맡는 것이 좋다. 그래야 아이에게 따뜻한 기억만 남는다.

이 모든 지혜로운 모습은 내가 18년간 지켜본 시어머니의 모습이다. 한 번도 아이들을 꾸짖은 적 없고, 한 번도 어색한 만남을 만든 적도 없다. 지금도 세 자녀는 시어머니의 볼에 뽀뽀를 남긴다. 그 모습이 나는 참 좋다.

인간관계는 '주고받고'의 원리로 유지된다. '받고 주고'란 말은 들어본 적도 없다. 먼저 주어야 받을 수 있는 것이다. 애정도 마찬가지다.

조부모가 먼저 건넨 순수한 애정은 훗날 커다란 대가로 돌아온다. 노년기의 외로움을 막아줄 강력한 방패가 되어주는 것이다. 실제로 조부모가 가장 좋아하는 가족은 손 자녀라는 연구도 있다.

그렇다면 이 방패는 어떤 모습일까?

손 자녀는 조부모에게 자주 안부를 묻는다. 그것만으로도 기억과 회상의 중추가 자극되어 인지기능 저하를 막을 수 있다. 치매 예방의 가장 효과적인 방법 중 하나로 손꼽힌다.

또 손 자녀는 조부모를 찾아가 식사를 함께하고, 여행을 함께 떠난다. 억지로 끌려가는 것이 아니라 조부모가 있는 곳이라면 어디든 기꺼이 달려가는 '팬'이 된다.

이처럼 지혜로운 조부모 덕분에 손 자녀는 특별한 존재로 성장하고, 받은 사랑을 되돌려주는 손 자녀 덕분에 조부모는 활력과 탄력을 되찾는다. 나도 시어머니처럼 지혜로운 할머니가 되기 위해 지금부터 연습할 것이다. 가능하다면, 이 연습도 노년을 바라보고 있는 분들과 함께하고 싶다.

오래 된 애정 한 방울

우리 집에는 큰 아이와 열 살이나 차이 나는 막둥이가 있다. 나이 차가 크다 보니 종종 듣는 질문이 있다. *"실수로 낳으신 거예요?"* 하지만 아니다. 막둥이는 실수가 아니라 분명한 계획 아래 찾아온 아이였다. 그 계획이 성공했을 때의 기쁨도 잠시, 나는 다시 한 번 간절히 기도했다.

"주님, 딸로 주세요."

첫째가 딸이니, 막내도 딸이면 자매가 되어 서로를 의지하며 살아갈 수 있을 거라 생각했다. 그래서 노산이라는 부담에도 불구하고 막둥이를 낳기로 결심했고, 감사하게도 주님은 그 기도를 들어주셨다.

형제든 남매든 관계 자체가 나쁜 것은 없다. 진짜 중요한 건 어떤 관계이냐 보다, 얼마나 원만하게 그 관계를 가꾸며 살아가느냐이다. 부모가 자녀에게 물려줄 수 있는 '유산'이 관계라면, 그 관계를 아름답게 키워가는 것은 전적으로 자녀의 몫이다.

어릴 적에는 경쟁심도 있고 갈등도 많아 싸우기 일쑤다. 시기와 미움도 자리 잡고 있다. 하지만 나이가 들어갈수록 그 모든 감정은 점점 희미해진다. 결국 형제자매만큼 심리적 안정을 줄 수 있는 관계가 또 없다는 사실을 깨닫게 된다.

나에게도 서로 다른 성별의 두 동생이 있다. 자매와 남매 관계를 모두 경험하며 살았지만 나에게 더 깊은 공감과 위로를 준 건 자매 관계였다.

관계에서 가장 중요한 건 '소통'이다. 자매는 이 소통에서 특별한 빛을 발한다. 여자와 여자가 함께 만든 관계이기에 그렇다. 여자들은 남자들보다 관계 맺기에 능하다. 지하철 옆자리에 앉기만 해도 이야기가 튀어나온다. "어머, 그 옷은 어디서 사셨어요?" 애기까지 안고 있으면 금세 몇 년 지기처럼 수다 꽃이 피어난다.

"자매만 그렇고 형제나 남매는 안 그러냐"고 반문하고 싶은 분들을 위해 덧붙이자면, 이건 단지 내 생각만은 아니다. 요양원에 '자매실'은 있어도 '형제실'은 잘 없다는 게 그 근거다.

특히, 어린 시절을 함께 보내며 같은 추억을 공유한 자매 관계는 더욱 끈끈하다. 같은 장면, 같은 기억이 있어서 어느 순간 어떤 이야기를 꺼내도 공감의 물결이 일렁인다. 자녀들이 도무지 이해하지 못할 이야기조차 자매는 척척 알아듣는다.

"언니, 우리 그때 개구리 뒷다리 먹던 거 기억나?"

이 한마디면 동생은 마치 바통을 넘겨받듯 이야기를 풀어낸다. 개구리 잡으러 다니던 시절, 비료 포대에서 꾸물거리던 개구리들, 까만 알이 가득 찬 개구리를 먹고는 입이 까매졌던 웃지 못할 기억까지 이야기는 쉼 없이 이어진다. 언니는 덩달아 신이 나 맞장구를 치고, 두 사람은 그때 그 장면 속 주인공으로 되돌아간다.

이런 얘기를 딸이나 아들에게 하면 어떤 반응이 나올까?
"엄마, 지금이 어느 시대인데 개구리를 먹어요? 징그러워요."

이게 바로 아무나 해줄 수 없는 공감이다. 같은 경험을 함께한 자매만이 만들어낼 수 있는 깊이와 웃음이다.

하지만 사실, 나는 이런 자매 관계를 부러워하는 사람이다. 왜냐하면 우리 자매는 조금 특별한 사이이다. 물리적인 거리가 뿐만 아니라 심리적인 거리를 두고 지내왔기 때문이다.

동생은 부모님과, 나는 할머니와 함께 자라 14년을 외동으로 살았다. 공유한 추억보다 서로 모르는 부분이 더 많은 관계였다. 그러다 보니 우리는 서로에게 부담 주는 말이나 행동을 삼간다. 투정도, 다툼도 없었다. 그렇게 40년 가까운 세월을 살아왔다. 어쩌면 이런 거리감 덕분에 서로의 단점을 탓하기보다는 장점을 격려해 주는 옹호자가 되어주고 있는지도 모른다.

다른 자매들처럼 자주 만나지도 않는다. 명절이나 피할 수 없는 가족 행사 외엔 얼굴을 볼 일이 드물다. 이제는 동생이 외국에 살아 만남은 더 적어졌다. 그런 우리를 보며 남편과 제부는 *"진짜 자매 맞아?"* 라며 고개를 갸웃한다.

하지만 우리는 확실한 자매다. 도움이 필요한 상황이 오면, 누구랄 것 없이 애정 한 방울을 톡 떨어뜨린다. 그러면 농도가 진해진 관계가 조용히 다시 이어진다.

어릴 적 공유한 추억이 없다면 어른이 되어서 만들면 된다. 결혼을 하고, 자녀를 키우고, 아내로 살아가며 겪은 이야기들이 쌓여간다. 최근에는 주말부부로 산 이야기, 홀로 아이들을 돌보며 살아가는 나날들에 대한 이야기도 나누며 공감의 지점을 만든다.

가끔은 어찌할 바를 몰라 마음이 막힐 때, 문득 전화를 꺼내 들거나 메시지를 주고받는다. 그리고 부끄럽지만 이런 말을 주고받는다.

"언니가 없었으면 어쩔 뻔 했어."
"나도 네가 없었으면 어쩔 뻔 했니."

우리에게 이 한마디면 충분하다. 자주 만나지 않아도 괜찮다. 각자의 자리에서 살아가다가, 한 마디가 필요할 때면 언제든 다시 이어질 테니까. 남에게는 하지 못할 말, 받을 수 없는 위로를 건넬 수 있는 여동생을 선물해 준 부모님께 감사하며 산다.

그래서 이제는 큰딸에게 당당히 말할 수 있다.
"하은아, 엄마는 너한테 세상에서 제일 좋은 선물을 하나 줬어."
"뭔데?"
"여동생."
"에이, 여동생이 무슨 선물이야~"
"엄마가 받아본 선물 중 가장 소중한 몇 가지가 있는데, 그 중 하나가 이모야. 너도 엄마 나이쯤 되면 알게 될 거야."
이 글을 읽고 떠오르는 누군가가 있다면, 한 마디 전해주길 바란다.

"없었으면 어쩔 뻔 했니."
형제자매라는 이름으로 이어진 관계, 그 어떤 관계보다 오래도록 깊은 공감과 위로를 나눌 수 있는 최고의 인연이니까.

불편의 주인을 찾는 시간

"어머, 유치원에서 불편하지 않았어?"
"왜?"

유치원에서 돌아온 막둥이가 겉옷을 벗자 앞뒤가 바뀌어 있는 상의 내복이 보였다. 앞으로 와야 할 부분이 등으로 넘어가 있으니 하루 종일 불편하지 않았을까 싶어 물어본 질문이다. 막둥이는 이렇게 대답했다.

"나 아무렇지도 않았는데."

아무렇지도 않았다는 말을 듣고서야 괜한 걱정이라는 것을 알았다. 내 마음이 평정을 찾았으니 다음은 자신감을 가지고 도약하면 된다. 잠들 때까지 앞뒤가 바뀐 상태로 온 집안을 돌아다니게 내버려 두는 것이다.

난 아이 셋을 키우는 엄마다. 가장 너그러움으로 키우는 아이는 막둥이다. 아이 둘을 키워봤으니 경험이 쌓여 그럴 수 있다고 생각할 수도 있다. 그러나 두 아이를 키워 본 경험이 만들어준 것이 아니다. 요양보호사 양성 강의를 하며 치매 어르신 돌봄 방법이 만들어 준 너그러움이다.

어떤 너그러움이 만들어졌기에 앞뒤 바뀐 옷을 입은 아이를 내버려 둘 수 있었는지 이야기해 보려고 한다.

'치매'라는 질환은 인지 수준의 저하를 가져오면서 많은 것들을 변화시켜 놓는다. 그중 한 가지가 이타적인 사고에서 자기중심적인 사고로 전환을 시킨다는 것이다. 세상의 모든 중심을 다시 나에게 두고 살아가려 한다. 이기적인 사랑에 대한 갈급함이 찾아오는 것이다. 치매 질환을 가진 분들이 아이가 된 것 같다고 하는 말과 일맥상통한다.

그런데 이런 모습은 질환으로 오는 증상임을 조금은 이해해야 한다.

치매가 어떤 병이냐고 물었을 때 여러 가지로 설명할 수 있지만 나는 '사랑을 갈구하는 병'이라고 정의하기도 한다.

관심 받고 싶고, 사랑받고 싶어진다. 그럼 그렇게 해주면 된다. 관심 가득 주고, 사랑 가득 주면 될 일이다. 그런데 왜 그렇게 어려운 걸까?

내림 사랑은 있어도 올림 사랑이 없는 이유이지 않을까 싶다. 지구 안에서 살고 있는 우리는 중력이 있기에 가만히 있어도 내려 간다. 서 있는 자리를 굳건히 지키는 것도 때론 어려웠던 이유다. 그런데 올라가는 것은 하염없이 잡아당기는 지구상의 중력을 이겨내는 역행이 될 때나 가능하다. 관계 안에서도 역행은 존재한다.

특히 나보다 나이가 많은 어르신을 돌보는 일에서 두드러지게 나타난다. 어린아이를 만나면 자연스럽게 미소와 함께 온몸의 세포가 사랑을 표현하고 싶어 한다. 무의식적인 반응이다. 그러나 노인을 만나면 무의식이 발동하지 않는다.

무의식을 의식적으로 바꾸는 행위가 역행이다. 타고난 능력이 아니라 연마를 통해 얼마든지 얻을 수 있는 것이기 때문에 가능성은 열어둔다. 해보려는 노력의 여부가 기술자를 만들어 내기도 한다.

치매 돌봄에서 가장 많이 등장하는 문장들이 있다.

"가장 협조를 잘할 수 있는 시간을 선택하세요."
"거부하면 다투지 말고 기다렸다가 시도한다."
"민감하게 반응하지 말고 "
"강요하지 말고"

문장 안에는 나와 네가 있다. 돌봄을 받는 어르신과 돌봄을 제공하는 돌봄 자가 있다는 것이다. 주체와 객체가 바뀌지 않아야 한다. 돌봄의 주체는 받는 사람이다. 그런데 우리는 돌봄자를 주체로 놓고 착각하며 돌봄을 할 때가 있다.

치매 대상자의 옷 입기 돌봄을 할 때 기억해야 할 내용이 있다.

"앞뒤를 구분하지 못하는 경우에는 뒤바꿔 입어도 무방한 옷을 입게 한다."

세상에 이런 옷이 몇 개나 있을까? 난 지금까지 살면서 니트 한 장 외에 앞뒤가 바뀌어도 무방한 옷을 만나 본 적이 없다. 그래서 이 말이 품고 있는 의미를 찾아보기 시작했고 지금은 이렇게 바꾸어 설명한다.

"앞뒤를 구분하지 못하고 입었다면 불편함의 주체가 누구인지 확인해야 합니다. 어르신이 불편해하지 않으면 뒤바꿔 줄 이유는 없습니다. 뒤바꿔 입고 있는 어르신을 바라보는 내 눈이 불편했던 건 아니었는지 생각해 봐야 합니다."

돌봄을 하며 내 눈에 불편함이 찾아온다면 그때는 한 번 멈춤을 해보자. 불편의 주체가 누구인지를 잘 파악한 후에 해도 될 일이니까.

이건 비단 돌봄에만 해당하는 일이 아니다. 우리가 맺고 있는 모든 관계의 중심에도 '불편함'은 자주 찾아오고, 그때마다 우리는 상대를 먼저 들여다보는 데 익숙해져 있다. 하지만 모든 불편의 시작이 꼭 '상대의 잘못'은 아니다. 오히려 내 안에서 자라난 기준, 내 마음의 렌즈가 만들어낸 감정일 수도 있다.

그래서 관계의 한복판에 섰을 때에도 누군가의 말이나 행동이 내 감정을 건드릴 때는 그 감정을 상대에게 바로 던지기 전에 잠깐 멈춰보자.

지금 내가 불편한 이유는 정말 상대 때문일까? 아니면 내 안의 기준이 지나치게 날카로웠던 건 아닐까? 불편함의 주체를 제대로 바라보는 연습은 사람 사이에 오해를 덜어내고, 관계를 한층 더 부드럽게 만든다. 그리고 그 부드러움이 결국 더 깊은 신뢰와 존중으로 이어진다.

그래서 나는 오늘도 배운다. **무언가 불편하게 느껴질 때 그건 관계가 멀어졌다는 신호가 아니라 다시 가까워질 수 있는 작은 틈이라는 걸.**

천천히 발견되는 진심

버스를 기다릴 때, 카페에 앉아 있을 때, 병원 대기실처럼 아무렇지 않은 공간에서 낯선 사람을 바라보게 된다. 겉모습을 평가하려는 것이 아니라, 그 속에 숨어 있는 고유한 무늬를 찾아보려는 연습이다.

이를테면 다리를 조심스레 접어 앉은 노인을 보며, 무릎의 불편함을 감추려는 조심성과 배려를 느끼기도 하고, 한 손엔 책을 다른 손엔 장바구니를 든 이웃 어르신을 보면 '이 분의 일상은 얼마나 단단하고 성실할까' 상상해본다. 이런 조용한 관찰을 거듭하다 보면, 누군가와 실제로 마주하는 순간에도 자연스럽게 '특별한 무엇'이 눈에 들어온다. 그리고 그 특별함에 말을 건넬 수 있게 된다. 내가 이런 연습을 멈추지 않는 데에는 이유가 있다.

2024년 개편된 요양보호사 양성과정에서 가장 많이 출제되는 단원은 '치매 요양보호'다. 특히 치매로 인한 행동심리증상(BPSD)에 대한 대처법은 매 회차 마다 반복 출제된다. 하지만 수강생들은 이 단원이 유독 어렵다고 말한다. 문제 대부분이 실제 상황을 바탕으로 출제되기 때문이다. 교재에서 정답을 찾는 것과는 차원이 다르다.

그래서 나는 '시뮬레이션 수업'을 도입했다. 문제 상황을 대본으로 작성해 역할극을 진행하는 방식이다. 한 사람은 치매 어르신이 되고, 다른 한 사람은 요양보호사가 되어본다. 본격적인 훈련에 앞서 꼭 거치는 단계가 있다. 바로 '짝꿍의 마음 훔쳐보기'라는 예행연습이다. 그 마음을 얻으려면, 마치 납치범처럼 치밀한 전략이 필요하다.

치매 어르신의 마음 안에 내가 들어가는 전략이기도 하다. 눈앞에 보이는 단순한 정보가 아니라, 어제와 다른 오늘의 감정을 들여다볼 수 있어야 한다. 치매라는 병은 낯선 환경에 예민하게 반응하고, 같은 상황에서도 매번 다른 행동을 보인다. 하지만 한 가지 변하지 않는 것이 있다. 바로, 자신을 사랑하고 아껴주는 사람에 대한 신뢰. 그 마음은 어떤 상황 속에서도 흔들리지 않는 온기를 품고 있다.

그래서 우리는 '내 짝꿍을 사랑하고 아끼는 마음으로 관찰하며, 신뢰의 문을 두드리는 연습'부터 시작한다. 이때는 그동안 쌓아온 나의 실력도 함께 데려온다. 먼저 예시를 들어 설명한다.

책장 사이사이 빼곡하게 메모를 남긴 수강생을 보면, 나는 이렇게 말해준다. "정말 꼼꼼하고 열정적이시네요." 모든 사람이 필기하며 공부하는 것은 아니다. 40명이 넘는 수업에서도 이런 분은 몇 명 안 된다.

또 점심시간마다 정갈한 도시락을 꺼내는 분도 있다. 밥은 소박하지만 반찬은 늘 푸짐하다. "이 바쁜 와중에도 도시락을 직접 챙기시다니, 정말 부지런하신 데다 나눔까지 실천하시네요."

이런 말은 단순한 칭찬이 아니다. 조용히 주변을 살피는 관찰이 있어야 나올 수 있는 말이다.

결국, 상대의 마음을 얻는 일은 사소해 보이는 것들 사이에서 '약간의 차이'를 읽어내는 능력에서 시작된다.

그리고 그 차이를 발견하려면 서둘러서는 안 된다. 누구도 처음 만난 사람에게 선뜻 마음을 내어주지 않는다. '이 사람이 안전하다'고 느껴질 때, 비로소 마음의 문이 열린다.

어린아이는 어떤 어른을 쉽게 따라갈까? "너 이름이 OOO이지?", "아저씨는 네 아빠 친구야." 단 하나의 특별한 정보가 아이의 경계를 무너뜨린다. 그래서 요즘 아이들의 가방에는 이름과 번호를 바깥이 아닌 안쪽에 적는다. 아빠 친구라는 말 한마디에 아이는 온 마음을 빼앗겨 버리기도 한다.

치매 어르신을 돌볼 때도 자주 등장하는 단어는 "좋아하는", "친숙한", "익숙한"이다. 시험 문제의 정답도 이런 단어들이 포함된 문장에서 자주 발견된다. 그러나 진짜 중요한 건 시험에서 정답을 '맞히는' 것이 아니라, 현장에서 정답을 '찾아내는' 사람으로 성장하는 일이다.

그 특별함은 단 한 번의 관심으로는 절대 보이지 않는다. 좋아하게 된 것도, 편안해진 것도 모두 시간의 결을 따라 이루어진다. 언제나 한결 같은 것은 천천히 쌓인 것이다. 그러니 한 번에 마음을 얻으려는 조급함은 내려놓고 그 사람의 결을 따라가 보자.

서두르지 말고, 재촉하지 말자. 사랑이 담긴 말 한마디와 조심스러운 관찰을 꾸준히 해주면 내 눈에도 반드시 보인다. 특별한 무엇을 찾기 위한 작은 연습들이 결국 진심을 전해주기 때문이다.

노년의 삶으로 향하는 우리가 만들어야 할 관계는 바로 이런 느림의 품격 위에 놓여야 한다. 마음을 얻는 일은 작은 변화도 놓치지 않고 관찰하는 관심에서 시작되고, 깊어지는 관계는 그 사람의 결과 내 결이 맞닿는 순간이다.

나도 누군가의 조용한 시선 속에 있을지 모른다. 내가 건넨 인사, 앉은 자세, 도시락 반찬 하나하나가 누군가에게는 '그 사람의 결'로 읽힐 수 있나. 그렇게 생각하면, 나의 일상도 조금 더 조심스러워지고 따뜻해진다.

돌봄이란 특별한 순간에만 필요한 기술이 아니다. 같은 시간에 인사를 건네고, 어제 이야기의 끝을 기억하고, 좋아하는 노래를 들어주는 반복, 그런 일상들이 차곡차곡 쌓여 마음이 열리고 신뢰가 자란다.

우리는 누군가를 돌보며 배우고, 언젠가 누군가에게 돌봄을 받는 존재로 살아간다. 그러니 돌봄은 단지 직업이 아니라, 삶의 순환을 준비하는 태도다. 늦지 않게, 오래도록 함께하고 싶은 마음을 품고 오늘도 한 사람의 결을 바라보는 연습을 이어간다.

누구와도 오래도록 함께하고 싶은 마음은 나이와 상관없이 언제나 우리 곁에 머물러 있으니까.

세월을 끌어안는 힘

치매가족 지원 파트 수업 시간이었다. 치매에 걸린 아내를 정성껏 돌보는 남편의 사례를 바탕으로 격려하기 방법을 찾아가는 토의 수업이다. 그는 오랜 시간 아내 곁을 지키며 모든 수발을 도맡아 해왔다. 그러나 아내의 상태가 점점 심해지면서 남편은 깊은 무력감에 빠져 있었다. 자기가 잘하고 있는 건지 의심이 들고, 아무리 애써도 나아지지 않는 현실 앞에서 불안과 우울감에 시달린다는 내용이었다.

"여러분이라면 이 남편 분께 어떤 말을 건네시겠습니까?"

이 질문에 수강생들은 하나둘 글을 적어 내려갔다. "지금까지 여러 가족의 돌봄 모습을 봐 왔지만, 남편 분처럼 자상하고 다정다감하게 돌보는 분은 드물었습니다. 오늘의 모습을 보니 제가 알지 못했던 과거도, 동일한 사랑과 정성으로 채워졌을 거란 생각이 듭니다. 누구보다 잘하고 계십니다. 제가 큰 힘이 되어드릴 수는 없겠지만, 아주 가끔 도움이 필요할 때 언제든 이 자리에 서 있겠습니다. 조금만 더 힘을 내세요."

공감과 존중이 담긴 말은 읽는 이의 마음을 조용히 울렸다. 그러나 그중 몇몇 글은 이렇게 이어졌다.

"제가 알고 있는 치매안심센터를 소개해드릴까요?", "더 나은 방법이 있을 수 있으니 함께 찾아보아요."

표현은 부드러웠지만 방향은 달랐다. 격려의 말 뒤에 자연스럽게 붙은 이 문장들 속엔 '해결책'이라는 목적이 숨겨져 있었다. 그 순간, 나는 질문을 던졌다.

"정말로 이 말이 그분께 힘이 될까요?"

요양보호사의 '힘 돋우기'는 단순한 정보 제공이나 조언과는 다르다. 그것은 누군가의 삶 전체를 향해 다가가는 일이다. 지금 막 마주한 이 시간뿐 아니라, 그 사람이 지나온 길과 그 안에 담긴 수많은 선택과 인내, 말하지 못한 후회까지 함께 바라보는 태도다. 그런 시간에 말없이 손을 얹는 것, 조용히 마음을 기울이는 것이 먼저다.

우리는 왜 때로 "힘내세요"라는 말을 들었을 때, 조금도 힘이 나지 않았을까?
그 말 앞에 내가 어떤 시간을 견뎌왔는지, 어떤 마음으로 오늘을 살아내고 있는지 묻지 않았기 때문이다. 과거를 보듬지 않은 채 성급하게 미래를 건네는 위로는 종종 가볍고 공허하다. **위로는 말이 아니라, 자세와 시간이어야 한다.**

나는 '힘을 돋운다'는 것을 이렇게 이해한다. 그 사람의 과거에 귀 기울이고, 지금의 현실을 함께 견디며, 다가올 미래에 작은 희망을 놓아주는 일. 결국 그 사람의 시간 전체 곁으로 조용히 다가가는 일이다. 진정한 힘이란 문제를 해결하는 능력보다 곁에 머물 수 있는 용기에서 비롯된다.

가장 지쳐 있는 사람이 바라는 건 위대한 조언이 아니다. 그는 이미 자신이 가진 모든 자원을 다해 살아내고 있다. 그런 사람에게 필요한 것은 "당신, 정말 잘하고 계십니다"라는 단순하지만 깊은 확언이다.

누군가 자신의 지난 시간을 알아주고, 지금의 애씀을 인정하며, 필요할 때 손에 닿을 자리에 있다는 것을 느끼게 해주는 존재감. 그것이 바로 진짜 '힘'이다. 당장 해줄 수 있는 일이 없다 해도, 내가 그 사람의 시간 안에 머물고자 한다면 나는 그에게 힘이 될 수 있다. 아주 가까이서, 언제든 손 내밀 수 있는 거리를 지키고 있다는 것이기 때문이다.

우리는 해결자가 아니다. 조언이라는 이름으로, 희망이라는 핑계로 남의 시간을 섣불리 넘겨짚는 존재가 되어서도 안 된다. 우리는 동행자다. 함께 울 수 있고, 함께 버틸 수 있으며, 함께 웃을 수 있는 사람이다. 그 동행의 시작은 그 사람의 과거를 이해하려는 작은 시선에서부터다.

이런 힘 돋우기의 자세는 치매 돌봄에서만 필요한 것이 아니다.

우리는 살아가며 수많은 관계 속에서 크고 작은 힘을 보태는 자리에 선다. 누군가 무너져 있을 때, 말없이 울고 있을 때, 삶의 의미를 되묻고 있을 때를 마주한다. 그럴 때도 우리는 이 방법을 쓸 수 있다. 과거를 존중하고, 현재를 함께 견디며, 미래에 작은 불빛 하나를 띄워주는 일이면 된다.

그렇게 될 때 힘을 돋우는 자리에는 무엇이 자라날까? 나는 그것이 희망이라고 믿는다. 차가운 겨울 땅 같은 척박한 마음에도 언젠가는 푸른 싹이 솟아오른다. 아주 작고 연약해 보이지만 그 잎은 아련할 만큼 투명하고 동시에 꺾이지 않는 강인함을 품고 있다.

누군가에게 전해주는 힘이란 결국 그런 것 아닐까. 거창한 변화를 주는 것이 아니라 미약한 한 생명이 다시 자라도록 곁에서 햇살이 되어주면 된다. 우리는 그런 사람이 될 수 있다. 어느 날, 누군가의 얼어붙은 마음 밭 위에 가장 먼저 틔우는 푸른 잎 한 장을 바라볼 수 있다면 그것만으로도 우리는 충분히 의미 있는 존재다.

포개어 가는 하루

아침 독서 중, 이런 문장을 만났다. "케어는 마음을 쓰는 일이다. 무언가 힘든 일이 있는 사람에게 자신의 마음을 공유하는 것, 구체적인 도움이 필요한 사람에게는 손을 내미는 것. 그렇게 내어주고 받으며 서로의 인생을 포개어 가는 것이 아닐까요?"

- 카피라이터 사와다 도모히로

'포개어 간다'는 말이 살며시, 그러나 아주 깊숙이 다가왔다. 그래서 그 물음에 나만의 답을 내고 싶어졌다. 포개어진다는 것은 단순히 가까워지는 걸 뜻하지 않는다. 그 안에는 두 가지 중요한 움직임이 있다. 하나는 마음을 나누는 정서적 케어, 다른 하나는 행동으로 다가가는 실천적 케어다.

정서적 케어는 말로 다하지 않아도 마음이 전해지는 순간에 깃들어 있다. 그것은 커다란 공감이나 위로의 말이 아닐 수 있다. 고개를 끄덕이는 눈빛, 가만히 손을 잡아주는 동작, 함께 침묵을 견뎌주는 태도, 말보다 먼저 도착하는 온기, 그것이 정서적 케어의 본질이다.

'먼저 다가가려는 마음'보다 '곁을 지키려는 마음'에서 시작되기도 한다. "내가 이해한다"는 말보다 "나는 여기 있어"라는 태도가 더 큰 위로가 될 때도 있다. 특히 상처받은 이들에게는 조급하지 않은 태도가 필요하다. 내 경험과 조언을 앞세우기보다, 그들이 자신의 이야기를 꺼낼 때까지 기다려주는 배려가 포근함을 만든다.

　강의를 하며 이런 순간들을 자주 만난다. 한 수강생이 조용히 속내를 털어놓은 적이 있다. "오늘 수업, 저한테 너무 와 닿았어요. 저도 어머니 돌보며 참 많이 울었거든요. 어머니 살아계실 때 치매 공부를 해두었다면, 조금은 덜 아프게 해드릴 수 있었을 텐데요."

　나는 말없이 그녀의 어깨를 토닥이며 조심스럽게 말했다. "그때, 참 힘드셨겠어요." 그녀는 고개를 끄덕이며 눈시울을 붉혔다. 아무 말도 없었지만, 그 순간 우리의 마음이 포개졌다. 이건 마음을 공유하는 일, 감정의 체온을 나누는 순간이었다.

　실천적 케어는 일상의 사소한 장면에서 자주 일어난다. 무거운 짐을 든 사람을 향해 문을 잡아주는 손길, 도서관에서 조용히 자리를 양보하는 배려, 험한 말을 듣고 난 친구의 등을 가만히 쓰다듬는 손. 이런 순간들은 때로는 의식하지 못할 만큼 작고 짧다. 그러나 그 울림은 오래 남는다. 말없이 전해지는 실천의 힘이 있다. 이것이 구체적인 도움이자, 행동으로 포개지는 일이다.

　돌봄은 이렇듯 정서와 행동이 반복되며 겹쳐지는 과정이다. 가만히 생각해보면 우리가 살아가는 하루도 수많은 포갬의 순간들로 이루어져 있다. 얇은 겹처럼 서로의 삶이 스쳐 가는 찰나에 우리는 사람 사이의 온기를 확인하게 된다.

하지만 정서적 케어와 실천적 케어의 포개짐은 언제나 조심스러워야 한다. 서로를 배려하며, 아프지 않게, 힘들지 않게 간격과 무게를 조절하는 일이다. 그것은 관계의 필수조건이다. 한쪽으로만 기울어진 포개짐은 결국 누군가의 질식으로 끝나는 불균형이 되기 때문이다.

최근 요양보호사 수업 시간, 나는 '관계의 거리 두기'에 대해 이야기했다. "우리는 어르신들과 친밀해야 하지만, 지나치게 감정에 휘말려서는 안 됩니다. 어느 정도 간격을 유지하며 존중하는 태도가 필요해요." 이 말을 반복해서 전하는 이유는 분명하다.
'돌봄'이라는 이름으로 감정을 무겁게 밀어 넣는 순간, 포개짐은 곧 부담이 된다. 돌봄 제공자와 대상자 모두 지치지 않기 위해서는 건강한 거리를 확보하는 법부터 배워야 한다. 절묘한 균형이야말로 서로를 다치지 않게 하는 지혜다.

그러므로 우리는 '정서적 케어'와 '실천적 케어'가 언제, 어떤 상황에서 필요한지를 잘 구분할 줄 알아야 한다. 누군가에게는 지금 당장 손 내밀어주는 행동이 절실할 수 있다. 그러나 어떤 이에게는 섣부른 도움이 아닌, 마음에 조용히 귀 기울여주는 일이 먼저일 수 있다.

"무엇을 해줄까?"보다 "지금 이 사람이 진짜로 필요한 건 무엇일까?"를 묻는 감각이 중요하다. 그리고 이 두 케어는 언제나 상호작용하며 맞물려야 한다. 행동만 있고 마음이 빠지면 기계적인 돌봄이 되고, 감정만 있고 실천이 없으면 공허한 동정으로 끝난다.

좋은 포개어짐은 정서와 실천이 상황에 따라 자연스럽게 오르내리는 리듬을 가지는 것이다.

그 리듬을 읽기 위해 필요한 건 언제나 '관찰'이다. 그 사람이 무엇을 말하고 있는지, 혹은 말하지 않고 있는지를 살피는 일이기도 하다.

표정, 눈빛, 도움을 거절하는 몸짓, 무심한 침묵 속에서도 도움의 신호를 읽어내는 민감함이야말로 케어의 진짜 출발점이다. 그래서 돌봄은 기술이면서도 태도이고, 관계는 친밀함보다 조율의 결과다.

우리는 그 리듬을 감각적으로 익히기 위해 수없이 시도하고, 실수하며 배운다.

그렇게 반복하며 결국 알게 된다. "도움은 줄 때보다, 물러설 때가 더 어렵구나."

그러나 바로 그 어려움에 머무를 줄 아는 사람, 그 사람이야말로 진짜 따뜻한 사람이다.

그래서 나는 오늘도 스스로에게 묻는다. "지금 내가 건네는 마음은 조율된 것인가?", "이 관계는 건강하게 포개어지고 있는가?"

4장

노후자금은 과유불급
: 삶을 지탱하는 돈, 삶을 완성하는 직업정신

통장 속 작은 안심

어르신의 아침이 분주해 보인다. 오늘은 자녀들이 면회를 오기로 약속한 날이기 때문이다. 침대에서 벌떡 일어나 문 쪽을 물끄러미 바라보다 다시 벽을 향해 돌아 눕는다. 이 동작을 몇 십번 반복할 때쯤 낯익은 목소리가 들려온다. 그 소리는 어르신의 반복행동을 마침표 찍게 했다. 멀리서 걸어 들어오는 자녀들을 향해 만세를 불러야 했기 때문이다.

코로나로 인해 요양보호사 현장실습이 영상수업으로 대체 되던 때가 있었다. 그 때 노인 돌봄 형태 및 노후자금에 대한 이야기를 다룬 영상을 학생들과 함께 시청했다. 위에 서술한 내용은 그 영상의 일부 장면이다.

100세를 넘어선 A 할머니는 혼자 집에서 생활하다가 자립 생활의 한계를 느끼자 아들의 설득으로 요양원에 입소했다. 요양원에서 생활한지 몇 개월 안 된 신참 어르신이다. 하루 종일 자녀들을 기다리느라 애 태운 마음이 영상 안에서 흘러 나와 보는 이들의 마음을 아련하게 했던 장면이다. 그런데 이 아련함이 절정에 이를 때가 있었다. "어머니, 다음에 또 올게요,"라는 인사를 하고 돌아서는 자녀들을 물끄러미 바라보던 모습 때문이다. 만세를 부르던 두 손이 이번에는 흐르는 눈물을 닦아 내느라 온 힘을 다한다. 이 장면은 영상을 시청하는 모든 사람들의 마음을 뒤흔들어 놓았다.

흔들림이 어느 정도 안정을 찾은 후 나는 질문 하나를 꺼내 놓았다. "요양원에 입소해서 생활하시는 어르신이 어떻게 보이시나요?" 이 질문을 듣자마자 학생들은 하나 같이 이렇게 대답한다. "가엾습니다." 그런데 이 대답을 하고 나면 아무 말도 이어가지 못한다. 이유가 무엇이었을까? 먼 훗날 내 모습이 될지도 모른다는 불안감 때문이었을까? 학생들의 눈빛에서 읽어낸 감정이다. 이때부터 나는 불안감을 부러움으로 바꿀 준비를 조심히 시작한다.

요양원에 입소할 수 있는 조건이 어떤 것인지 알고 계시나요? 이 질문에 학생들은 모두 노인장기요양등급을 받는 것 이라고 답한다. 내 학생들은 요양보호사 자격증을 취득하기 위해 노인장기요양보험제도를 배운 사람들이다. 그런데 이 답은 100점 만점에 50점만 줄 수 있는 답이다. 시험을 보기 위한 지식 공부와 삶에 적용하기 위한 지혜 공부의 차이가 만든 결과라고 해도 틀린 말이 아니다. 이제 만점을 얻기 위해 내가 찾은 나머지 50점을 더하기 해보려고 한다.

우리나라는 2008년부터 노인장기요양보험제도를 시행하고 있다. 이 제도를 이용할 수 있는 대상자는 고령이나 노인성 질병 등의 사유로 일상생활을 혼자서 수행하기 어려운 노인들로 노인장기요양등급을 받으면 시설급여와 재가급여를 이용할 수 있고, 국가로부터 서비스 이용금액을 보조 받는다. 그러나 이 서비스를 이용하기 위해서는 본인이 일부비용을 부담해야 한다. 무료로 서비스를 이용할 수 없다는 것이다. (국민기초생활수급권자는 제외한다.) 본인 부담금은 서비스를 이용하는 첫 달부터 종료가 되는 날 까지 매달 지불해야 할 비용이다. 요양원에 입소하는 노인이 때론 부러운 이유다. 도대체 그 돈은 어떻게 마련 할 수 있었던 것일까? 자녀들이 어머니 돌봄에 필요한 비용을 준비하느라 부담을 느끼지는 않았을까? 라는 의문을 가져보았고 이 문장을 파헤치기 시작했다.

"노인장기요양급여 대상자가 시설급여(요양원)를 이용하면 20%, 재가급여(요양보호사가 대상자의 가정을 방문해서 돌봄을 제공하는 방문요양서비스, 일정시간 동안 돌봄을 제공하는 주야간보호)를 이용하면 15%를 본인이 부담한다."

요양보호사 양성강의를 17년째 하고 있지만 "본인이 부담한다." 이 문장에 숨은 의미를 내 삶에 적용한지는 그리 오래 되지 않았다. 삼십대 후반에 알게 되어 다행이긴 하지만 조금 일찍 알았다면 더 좋았을 것이다. 그 아쉬움을 달래기 위해 어느덧 나는 노후자금 준비를 위한 급행선에 올라탔다. 돈을 마련하는 방법보다 더 궁금한 것은 마련해야 하는 정확한 금액이었다. 나도 우리나라에서 노년을 맞이하게 될 것이고, 노인장기요양등급을 받을 때가 곧 올 것이기 때문이다.

내가 가장 먼저 한 일은 계산기를 꺼내든 일이다. 현재 노인장기요양 등급은 6개(1~5등급, 인지지원등급)가 있다. 등급에 따라 서비스를 받을 수 있는 한도액이 다르고 그에 따라 발생하는 본인부담금도 다르다. 어림으로 짐작하고 끝내는 것이 아니라 직접 산술을 해보았다. 등급을 받고 10년 정도 서비스를 이용한다고 가정하니 방문요양 서비스를 이용하려면 3,000만원 정도가 필요하고 요양원 서비스는 6,500만원이 필요하다. (등급에 따라 월 한도액이 다르기 때문에 받은 등급으로 계산하면 더 정확한 금액이 산출 된다. 난 3등급을 받았을 경우로 계산한 금액이다.)

이 금액은 최대가 아닌 최소금액이다. 1인으로 계산한 금액이니 부부합산을 하면 6,000만원~1억 3천 정도가 필요하다. 10년을 가정했지만 은퇴 후 평균적으로 30~40년을 더 살아간다고 하니 곱하기가 될수록 커지는 금액에 대해 답답함이 몰려온다.

나는 이 금액을 칠판에 커다랗게 적었다. 그리고 영상의 첫 장면을 다시 돌려서 시청했다. 가여움과 불안감이 여전히 남아있지만 그 자리에 동반하는 또 다른 감정이 있다는 것을 확인 할 수 있었다. 바로 부러움이다. 요양원에 입소하는 어르신들을 가엾게만 바라 볼 일이 아니다.

인간의 욕구 중에서 가장 기본적인 욕구는 생리적 욕구라고 메슬로우는 이야기 한다. 인간답게 살기 위한 전제조건과 같은 배고픔, 배설, 수면에 대한 욕구이다. 자립적인 생활이 불가능한 상태가 되면 이 욕구를 해결 해 줄 돌봄자가 반드시 필요하다. 그 돌봄의 수혜자가 되기 위해서는 "부러움"이라는 감정이 필요하다고 감히 말해본다.

"부러우면 따라하자." 부러운 대상을 대하는 내 삶의 방식이다. 노인장기요양등급을 받고 돌봄 서비스를 신청하게 될 그날 나는 당당히 하나를 꺼내들 준비를 하고 있다. 최소의 돌봄 비용이 적힌 본인부담금 통장이다. 이 통장을 내 학생들 앞에서 소개하며 나는 이렇게 외친다.

"우리 같이 만듭시다."

비워야 손에 잡히는 것들

"저는 빚이 1억입니다. 그리고 남동생은 3,000만 원 정도 있습니다."

갑작스러운 교통사고로 아버지는 뇌졸중 진단을 받았다. 몇 차례 수술과 재활 치료를 거쳐 퇴원했지만, 자립적인 일상생활은 더 이상 가능하지 않았다. 노인장기요양등급을 받아 요양원에 잠시 입소해 돌봄을 받았으나, 불성실한 돌봄 서비스에 실망해 결국 집으로 다시 모시게 되었다고 한다. 그렇게 쌓인 병원비와 가정 내 돌봄 비용으로 생긴 빚이 1억 3,000만 원이다. 이런 상황을 말하면서도 해맑은 웃음을 짓는 한 여성을 [나이 들어도 짐이 되지 않는 세상] 이라는 영상에서 만났다. 나는 그 웃음 뒤에 담긴 뜻이 궁금해졌다.

어릴 적 어머니가 세상을 떠난 뒤, 아버지는 홀로 남매를 키웠다. 딸은 아버지에게 받은 사랑을 온전히 돌려드리기 위해 최선을 다하는 삶을 살고 있었다. 문득 스스로에게 물었다. 나였다면 과연 저런 돌봄을 할 수 있었을까? 부모 돌봄으로 생긴 1억 3천만 원의 빚을 감당하며 해맑게 웃을 수 있었을까? 하지만 이 질문에는 아직도 대답하지 못한 채 머물러 있다. 효녀라는 자리는 아무나 앉을 수 있는 자리가 아니기 때문이다.

잠시 뒤, 대화는 이어갔다. "교통사고 당시 아버지가 모아두신 돈은 없었나요?", "네. 여기저기 살펴봤지만, 아무것도 없었습니다."

그 말을 듣는 순간, 가슴이 쿵 내려앉는 듯했다. 나 역시 세 자녀를 키우고 있는 엄마다. 만약 내가 예기치 못한 사고로 쓰러져 돌봄을 받아야 하는 상황이 된다면, 내 자녀들은 과연 어떤 짐을 감당해야 할까?

살면서 가슴이 유독 심하게 뛰었던 순간들이 있었다. 그중 대부분은 내 삶의 방향성과 목적을 정확히 찾고 싶을 때였다. 그래서 이번에도 단순히 그 딸의 미소를 안타까움으로만 받아들이고 싶지 않았다. '왜 이런 일이 발생했는가?'라는 질문을 던지며, 그 근본적인 원인을 짚고 싶었다.

운전을 하다 보면 사이드미러에 이런 문장을 보게 된다. *"사물이 보이는 것보다 가까이 있음."* 이 문장을 나는 이렇게 바꾸어 보고 싶다. *"노년은 생각보다 가까이에 있음"*

교통사고 당시 그녀의 아버지는 겨우 50대 후반이었다. 뇌졸중이라는 노인성 질환이 자신에게 찾아올 거라고 예측하지 못했을 것이다. 하지만 노년은 반드시 도달하게 되는 인생의 한 구간이며, 그 시점은 결코 우리의 예측대로 흘러가지 않는다. 이 점을 분명히 인식하고 있어야 한다.

그래서 나는 더는 미루지 않기로 했다. "지금 당장 짐이 되는 것을 포기한다." 이미 본인부담금 통장을 만들 때부터 다짐했던 것이다. 이 통장은 그냥 개설해 놓는 것으로 끝나는 '죽은 통장'이 아니다. 지속적으로 살아 움직이며 내 삶에 실질적으로 작동하는 통장이어야 한다. 그런데 목표 금액이 적힌 통장을 바라보고 있자니, 포부만큼이나 부담감도 크다.

그래서 생각했다.

"이 부담감을 어떻게 덜어낼 수 있을까?" 나는 문제 해결의 첫 단추를 '육하원칙'에서 찾는다. 특히 '왜'를 중심으로 질문을 정리해 나가면 복잡한 문제도 차분히 풀려간다. 나는 기존 육하원칙의 순서를 바꾸어 사용한다. 누가 → 왜 → 어디서 → 무엇을 → 어떻게 → 언제.

'왜'를 '어떻게'보다 먼저 두는 이유는 방향성과 철학이 선명해야 실행력이 생기기 때문이다.

나는 나만의 철학으로 상황을 다시 구성해봤다.

"교통사고 당시 아버지가 모아두신 돈은 없었습니까?", "네, 3,000만 원 정도 있었습니다."

만약 이런 대답이었다면 상황은 분명 달라졌을 것이다. 전체 빚 1억 3천만 원 가운데 3천만 원은 자녀의 짐이 되지 않았을지도 모른다. 나는 이 지점을 '탕감의 원리'라고 명명했고, 이를 노후자금 준비에도 적용하고 있다.

물론 나는 탁월한 투자자는 아니다. 그런 재능이 있었다면 지금쯤 투자에 관한 책을 쓰고 있었을지도 모른다. 그러나 나는 내가 가진 역량 안에서 최선을 다해 살아가려는 사람이다. 그래서 다시 다짐했다.

"짐이 되는 것은 포기하되, 심장이 뛰는 삶은 절대 포기하지 않는다."

노후자금 준비에만 매몰되지 않기로 했다. '과유불급'이라는 말처럼, 노후자금도 지나치면 오히려 삶의 균형을 깨트릴 수 있다. 너무 많은 자산이 있다면, 그 자체가 삶의 목적이 되어버려 인간으로서의 성장과 의미 추구를 놓칠 수 있다. 나는 노후에도 끊임없이 나를 찾아가는 삶을 살고 싶다. 존재의 이유를 고민하고, 그 목적을 향해 도전하는 노인이 되기로 마음먹었다. 수입을 늘리는 것보다 나의 내면 가치를 줄어들지 않게 지켜나가는 것이 더 중요하다는 사실을 잊지 않기로 했다.

이제, 1억 3천만 원의 빚을 지고도 해맑은 웃음을 잃지 않았던 딸의 진심을 조금은 이해할 수 있을 것 같다.

"병들었어도, 내가 병들었다 하지 아니할 것이라." 성경의 이 말씀처럼, 육신은 병들었을지라도 마음과 영혼은 무너지지 않았기에 가능한 웃음이었으리라. 아버지는 평생 자녀들을 위해 헌신하며 살아왔고, 그 삶의 태도는 자녀들에게 깊은 사랑으로 전해졌다. 자식들은 그 사랑을 기억하기에 원망보다 긍휼의 마음이 자리 잡을 수 있었던 것이다.

긍휼함은 단순한 연민이 아니다. 타인의 고통을 머리로 이해하거나 가슴으로 공감하는 것을 넘어, 그 아픔을 나의 일처럼 느끼고 직접 행동하게 하는 내면의 힘이다.

자녀에게 통장 하나 남기는 것으로 책임을 다했다고 생각하지 말아야 한다. 나이 들수록 나 자신을 끊임없이 돌아보고, 살아가는 이유를 고민하며 도전하는 삶을 포기하지 않아야 한다. 그래야만 혹여다 채워주지 못한 자리를 긍휼로 채워줄 수 있고, 사랑받는 존재로 남을 수 있다.

내 안에 남는 마지막 웃음

하루 이동 거리 평균 13km, 하루 노동시간 평균 11시간 30분, 평균시급 948원. 폐지 줍는 노인들의 노동을 보여주는 숫자들이다.

〈KBS 시사 폐지수집노동 실태 보고서〉에서는 폐지 줍는 노인들에게 GPS 장치를 걸어 1분 단위로 동선을 파악하며 그들의 노동을 추적했다. 그들은 최저 시급의 약 1/10 수준을 받으며 하루 평균 축구장 45바퀴를 돌고 있었다. 열악한 조건에서도 대부분의 노인들은 폐지를 주울 수밖에 없다. 생활비를 주는 사람이 없기 때문이다.

그들이 마냥 안쓰럽고 안타까운가? 나는 그렇지 않다.

영상에서 한 노인이 말한다.

'남들이 고물 줍는다, 종이 줍는다 해도, 나는 이걸 모으면 자원이라고 생각하고 일합니다. 이것이 박스 만드는 원료입니다. 안 그러면 우리가 전부 수입에 의존해서 살아야 합니다.'

이 분의 말씀은 정확한 산출을 바탕으로 한 이야기다. 현재 우리나라는 폐지 줍는 어르신들 덕분에 재활용 하는 종이 양이 생겨나서 수입을 적게 하고 있다.

자원이라고 생각하며 폐지를 줍는 어르신은 생활비가 넉넉해서 이 일을 하고 있는 것일까? 아닐 것이다. 생활비를 만들어야 하는 상황은 같지만 일을 바라보는 태도가 달랐다. 일에는 세 단계가 있다. 생계를 목적으로 하는 생업과 나의 정체성과 전문적인 기술을 찾는 직업, 자신을 넘어 무언가에 기여 할 수 있는 천직이다. 누구나 시작은 생업으로 한다. 그러나 생업에 머물러 있는 사람이 있고, 생업을 뛰어넘어 직업과 천직으로 가는 사람이 있다. 천직에 이르게 되면 하위단계에서 말하는 돈을 버는 목적에 매달리지 않게 된다. 어르신의 눈빛에서 나는 이 메시지를 읽을 수 있었다.

내가 만약 폐지 줍는 노인이 된다면 생계 유지형과 사회 기부형 중 어떤 유형의 노인이 될 것인가? 대답을 찾아가기 위해 일에 대한 가치관을 정립해 가려고 한다. 그래서 오늘도 나는 다짐한다. "내 노년의 꿈은 공공근로자다." 공공근로를 비하 하는 말이 아니다. 65세 이상 노인에게 제공하는 노인 일자리사업(공공근로)을 희망하는 분들은 아무 것도 안하면서 국가가 노년을 책임져 주길 원하고 바라는 분들과는 다르다.

공공근로도 선정 대상이 되기 위해 치열한 경쟁을 한다. 그런 상황에 노출 되었을 때 상황을 탓하고 부정하는 사람이 되고 싶지 않다. 오히려 의미를 부여해서 나만의 가치를 만들어 갈 수 있는 사람이 되길 원한다. 그런 사람이 된다면 미래 직업에 대한 두려움과 당당하게 이별할 수 있다. 영원한 이별은 아니더라도 남의 시선과 평가에 대한 두려움은 어느 정도 극복할 수 있다. 잊지 말아야 할 것이 있다. **나를 가장 두렵게 하는 것은 남이 아닌 나 자신의 평가다.**

폼 나고, 돈도 벌고, 명예까지 얻을 수 있는 노년의 일자리를 찾는 건 참 어렵다. 그렇다면 이 셋을 모두 제외하고도 얻을 수 있는 것은 무엇일까? 그 질문에 대한 답은 어느 봄날의 공원에서 떠올랐다.

꽃들이 아름답게 피어난 공원. 그 꽃들은 노인 일자리 사업의 일환으로 공공근로를 맡은 어르신들이 심은 것이다. 꽃이 피기 전, 모종만 보고는 색깔을 알 수 없어 배치에도 세심한 주의가 필요하다. 쪼그리고 앉아 호미질을 하자면 온몸이 아프지만, 어르신들은 오늘 하루 모종을 심을 수 있음에 감사하고, 이 꽃을 보며 누군가가 행복할 미래를 상상하며 다시 웃는다. 무엇보다 "오늘도 나눌 수 있어 행복했다"는 만족감이 그분들을 가장 빛나게 한다.

이 일은 폼도, 돈도, 명예도 없다. 하지만 환원하는 행복은 그 무엇보다 크다. 나는 이런 노년을 꿈꾼다. '받는 자'가 아닌 '주는 자'로 남고 싶은 이유다.

최재천 박사의 『당신의 인생을 이모작하라』라는 책이 있다. 50세를 기점으로 1모작(전반기 인생)과 2모작(후반기 인생)을 구분해, 건강한 노후를 위한 길을 안내한다. 이 책의 제목처럼 나 역시 나만의 이모작 인생을 준비하고 있다.

농경시대에는 나이가 들어 밭일이 어려워지면 텃밭을 가꾸고, 그것마저 힘들어지면 새끼를 꼬았다. 나이가 들수록 할 수 있는 일이 줄어드는 것은 당연한 일이지만, 젊은 시절에는 보지 못했던 일을 노년에 발견하게 될 수도 있다. 그 일을 찾아가는 여정, 그것이 내 제2의 인생이다. 뒷방 늙은이도 그에 맞는 쓸모는 언제나 있기 마련이다.

지금 우리는 하루가 다르게 사라지는 직업과 새롭게 생겨나는 직업이 끊임없이 자리를 놓고 경쟁하는 시대를 살아간다. 아직은 '자리'를 선택하지 않은 방관자이지만, 언젠가 선택한 자리에 앉게 되었을 때 나는 그 자리의 주도자가 되고 싶다. 어떤 모습으로 그 자리를 지킬지는 오직 나 자신만이 결정할 수 있기 때문이다.

제2의 인생에서 마주하게 될 행복을 위해, 나는 오늘도 '내 안에 남은 마지막 웃음'을 자존심처럼 지켜내고 있다.

오해는 이케 그만

"○○ 자동차가 왜 망한지 알아요?"

20대의 젊은 요양보호사가 요양원 면접에서 받은 질문이다. 아무 대답을 하지 못하는 요양보호사 대신 원장이 대답을 한다.

"우리나라의 가장 큰 문제는 젊은 분들 강성노조예요. 강성 노조 하는 분들은 ○○차가 많아요. 나는 얼굴 예쁘고 똑똑한 사람보다 마음이 착한 사람을 뽑아요." 원장의 메시지는 명료했다. '노조를 만들거나 불만을 제기하지 말고 시키는 대로 일해라.' 요양보호사 면접 대화에서 오고가던 이야기다.

그런데 언제부터 시키는 대로 일하는 사람이 마음이 착한 사람이 되는 겁니까?

이런 태도를 강조하는 사람들은 주입식 교육을 받은 사람들에게서 쉽게 볼 수 있다. "왜"라는 궁금증을 배제시킨 것이 주입식 교육이다. 이해하려는 노력보다 무조건 암기를 통해 빠르게 습득해야 했기에 시키는 일이 어떤 의미를 가졌는지 생각해 볼 시간조차 주지 않는다. 정해진 교육과정을 따라 입학과 졸업을 하고, 회사에 입사해서 퇴직까지 오직 한 길만 걸어가는 삶이 가장 안정적이고 이상적이기도 했다. 그런데 이제는 그 방법이 통하지 않는 세상을 산다. 환경이 롤러코스터처럼 변화무쌍하게 바뀌어 간다. 과거에 살았던 삶의 대본을 꺼내들어 다시 읽고 따라 해도 귀를 기울여 주는 사람이 없다.

 귀를 기울이게 하고 새로운 기회를 얻으려면 나만의 스토리가 담긴 대본으로 각색해야 한다. 이런 노력을 해야 하는 사람들은 젊은 세대만 해당되는 이야기는 아니다. 오히려 은퇴 후 30년에서 40년을 살아야 하는 제 2의 인생을 앞둔 사람에게 더 필요하다. 이제 우리는 100세 시대를 산다. 후반기 인생은 나만의 신화를 다시 만들어야 한다.

 그렇다면 어떻게 해야 할 것인가?
 나는 착한 사람이 되라고 가르쳤던 주입식 교육으로부터 탈피를 시도한다. 남들에게 이쁨을 받기 위해 순종적으로 살면 내 머리로 사고하는 걸 잊어버린다. 순종에 반항을 섞어보는 시도를 하고, 순종적인 태도에 자발성을 첨가해야 한다.
 진짜 어른은 아이들처럼 윗사람의 지시나 허락이 떨어지기를 기다리지 않는다. 자발적으로 자신의 존재이유와 목적을 찾는다. 목적에 대한 믿음으로 새로운 것을 결정하고 도전하며 살아가는 사람들이다.

 평생교육원에서 인지활동지도사(치매 예방) 강의를 맡았다. 정해진 것이라고는 40시간 밖에 없다. 과정을 모두 만들어 가야하는 부담감이 나에게도 있었다. 그러나 정해진 것이 없기에 오히려 더 즐겁게 과정을 만들 수 있었다.

인지활동이 치매예방에 왜 필요한지 근거를 찾는 탐구부터 시작했다. "왜"라는 이유를 찾다보니 강의를 해야 할 사명과 목적까지 숙고하게 되었다. 숙고의 결과물은 내 가슴을 뛰게 했다.

가슴 뛰는 설레임을 오래 유지하기 위해 수업 방식을 변경했다. 지식을 전달하는 주입식 교육이 아니라 조별 멤버들과 함께 인지활동 프로그램을 직접 설계하고 진행하는 자발적 수업이다. 게임, 그림, 만들기, 발표를 할 때도 조별 멤버들끼리 서로의 장점을 파악해서 대표를 선출한다. 강사인 나도 무조건 참여한다. 동영상을 보며 실버댄스를 함께 하고 전통놀이를 하며 온 몸이 땀으로 젖어야 수업이 끝나는 날도 있다. 이렇게 만들어간 과정은 열정이라는 이름을 남기며 매 기수마다 모집인원을 꽉 채우는 독보적인 수업이 되고 있다.

이런 수업방식을 선택한 이유가 있다. 현장에서 근무하는 요양보호사 중에서 대상자나 가족이 원하는 이상형은 자발성을 가진 분이다. 어르신의 집을 방문해서 돌봄 서비스를 진행하는 요양보호사도 정해진 것은 시간밖에 없다. 그 시간 동안 어떤 서비스를 제공할 것인지는 직접 계획해야 한다. 시키는 일만 하면 대상자나 가족의 만족도가 떨어진다.

인지활동지도사 과정에서 배우고 익혔던 것들을 참고해서 "자발적 성장체험"이 있는 기회를 만들어 가길 원한다. 기회는 주어지는 것이 아니라 만들어 가는 것이다. 이 기회는 착하고 예쁜 사람이라는 타인의 칭찬이 아닌 스스로 발산한 아름다움에 가치를 두는 셀프 칭찬만으로도 만족하는 사람이 되게 해 줄 것이다.

세상에 못 하는 일은 없다. 시도해 보지도 않고 "잘 한다." 와 "못 한다."를 구분하는 것은 근거 없는 낭설이다. 못 하는 것이 아니라 안 하고 있었다는 것을 깨달아야 한다. 자신 있게 발을 그곳에 담그어 보자. 대신 "못 한다." 싶을 때는 언제든지 그 발을 빼서 다른 곳으로 옮길 용기만 장전하면 된다. 그래야 무언가를 계속 시도할 수 있고 가장 좋아하고 잘 하는 일을 찾을 수 있다.

나이듦을 오해 하지 말자. 많은 시행착오의 경험을 통해 나만의 스토리를 가진 사람이 노인을 향해가는 사람들이다. 이제는 시킬 때 까지 기다리지 말고 시도해 보고 싶은 것들을 마음껏 꺼내보자. 그렇게 꺼내 본 시도들은 단순한 도전을 넘어서, 나이듦 속에서도 여전히 삶을 빚어가는 '직업정신'의 씨앗이 된다. 이제부터는 그 씨앗을 어떻게 가꾸고 완성해 나갈지에 대해 이야기해 보려한다.

진짜 실력

지역의 한 주간보호센터를 운영하는 센터장님으로부터 메일이 도착했다. 내용은 이러했다.

"질 높은 돌봄을 위해 자질과 인성을 갖춘 요양보호사를 추천해 주실 수 있을까요?"

하지만 나는 쉽게 답장을 쓸 수 없었다. '자격'이 아닌 '자질'을 묻는 일이었기 때문이다.

자격은 일정한 조건을 갖추면 누구나 얻을 수 있다. 요양보호사 양성과정을 무난히 이수하고 시험에 합격하면 일할 수 있는 자격은 충분하다. 만약 요청이 '자격을 갖춘 사람'이었다면 고민할 것 없이 몇몇 분을 추천할 수 있었을 것이다.

그러나 '자질'은 다르다. 눈에 보이지 않고 기준도 명확하지 않다. 내가 보기에 충분해 보이는 사람이 센터장님의 눈에는 부족하게 느껴질 수도 있다. 그래서 더욱 조심스러워진다. 사람을 섣불리 평가하거나 잣대를 들이 밀 수 없기 때문이다.

결국 "한번 생각해 보겠다"는 신중한 답장을 보내긴 했지만, 솔직히 말하자면 다시 답장을 드리기는 어려울 것 같았다. 이 일을 계기로 나는 한 문장을 오래 붙들고 사색하게 되었다.

"자격과 자질은 다르다." 자격은 일정한 노력 끝에 도달하는 목표지점이라면 자질은 끝이 없는 여정이다. 생이 다할 때까지 멈추지 않고 다듬어야 할 과제다. 그래서 자질을 갖춘 사람은 쉽게 눈에 띄지 않는다. 그토록 드물고 귀한 것이기에 함께 일할 사람을 고르는 일도 더욱 어려운 것이다.

이 지점에서 나는 스스로에게 물었다. '나는 지금, 자격을 넘어서 자질을 향해 가고 있는가?'

직장 생활을 오래 했고, 한 분야의 전문가라 불리기도 한다. 그렇다면 지금쯤 나는 자질을 갖춘 사람이 되어 있어야 하지 않을까. 그러나 정말 그런가. 그 질문 앞에서 나는 잠시 멈춰 서 본다. 누구나 실력자가 되고 싶어 한다. 그렇다면 진짜 실력을 갖추기 위해 무엇을 해야 할까?

김지수 기자의 인터뷰집 『위대한 대화』에는 이런 문장이 있다. "완벽한 세계(본향)에 대한 갈망은 누구나 가지고 있다. 『오즈의 마법사』의 도로시가 '저 무지개 너머 어딘가'를 찾는 것도 같은 마음이다."

나에게 완벽한 세계란, 조건 없이 모두가 사랑받는 세상이다. 현실에서는 결코 완전하게 이루어질 수 없는 세상이지만 그 방향을 향해 한 자락쯤 마음을 비워두는 것은 꼭 하고 싶다. 그 마음이 자질의 출발점이 되어 주리라 믿기 때문이다.

요양보호사, 병원동행매니저, 생활지원사는 모두 내가 양성하는 직업군이다. 그런데 수업 첫날, 수강생들은 종종 이렇게 묻는다. "수당은 얼마인가요?", "근무시간은 어떻게 되죠?", "일에 비해 보수가 너무 적지 않나요?"

하지만 "어르신들이 어떻게 하면 행복하실까요?", "가족들이 안심하고 맡기도록 하려면 어떤 태도가 필요할까요?" 이런 질문을 던지는 사람은 아직 만나지 못했다.

그래서 나는 늘 강사의 역할을 다시 생각하게 된다. 단지 기술을 가르치는 사람이 아니라 자질을 향해 나아갈 수 있도록 이끄는 사람이 되어야 하기 때문이다. 강사는 '완벽한 세계에 대한 갈망'을 결코 잃어서는 안 된다. 하지만 우리는 자주 착각에 빠진다. 더 많은 것을 끌어안고, 더 앞장서는 사람을 훌륭하거나 잘 사는 삶처럼 여긴다. 그러다 보면 어느새 손익을 따지고, 효율을 계산하며, 자격만을 바라보게 된다. 어느덧 배우는 사람도, 가르치는 사람도 자질을 잃어간다. 우리가 꿈꾸던 완전한 세계는 멀어지고, 마음의 중심은 점점 흐려진다.

그러나 사랑과 돌봄에는 위계가 없다. 그 모습이 어떠하든, 있는 그대로 품어주고 안아주고 토닥이는 마음이면 충분하다. 자질이란 어쩌면 그런 태도에서 비롯되는지도 모른다.

갈망은 우월감에서 시작되지 않는다. 오히려 내가 부족하다고 느끼는 데서 시작된다. 자신이 남보다 낫다고 여기는 순간, 연민과 공감의 신경계는 반응하지 않는다. 그러니 우월해지려는 마음을 내려놓아야 한다. 겸손해야 갈망을 잃지 않게 된다. 그때 비로소 자격과 자질이 나란히 설 수 있다.

자격은 하나의 통과의례일 뿐이다. **진짜 실력은, 자질을 향해 스스로를 다듬는 그 지난한 길에서 길러진다.** 나는 지금도 그 길을 걷는 중이다. 그리고 앞으로도 걸어갈 것이다.

자질이란 어쩌면 훼손될 것을 알면서도, 언젠가는 변질될지도 모른다는 두려움을 안고도, 끝내 포기하지 않고 무지개 너머를 그리는 일인지도 모른다.

흔들림 없는 본 타이어

자동차를 운전하는 사람이라면 대부분 예비 타이어, 즉 스페어 타이어를 차량에 비치해 둔다. 일반적인 타이어는 펑크가 나면 공기가 빠지면서 더 이상 안전한 주행이 어려워지기 때문이다. 특히 시야 확보가 어려운 야간 도로이거나 차량의 속도가 빠른 고속도로라면, 타이어 펑크는 자칫 2차 사고로 이어질 수 있는 위험한 상황을 초래한다. 이때 스페어 타이어는 위험한 현장을 신속하게 벗어날 수 있도록 도와주는 일종의 '긴급 탈출구' 역할을 한다.

하지만 스페어 타이어가 새 타이어일 경우를 제외하고, 보통은 기존에 쓰던 타이어 중 상태가 그나마 양호한 것을 예비용으로 쓰는 경우가 많다. 이럴 경우 이 타이어로 오랜 시간 도로를 달릴 수는 없다. 결국 가까운 시일 내에 본 타이어로 반드시 교체해야 한다. 스페어 타이어는 말 그대로 '임시용'이다.

나는 자격증 취득을 위한 강의를 주로 진행한다. 그런데 수업을 듣는 사람들의 태도는 한 가지 기준에 따라 크게 나뉜다. 그 자격증을 '스페어 타이어'로 준비하느냐, 아니면 '본 타이어'로 준비하느냐에 따라 그 이후의 삶이 달라진다.

혹시 모를 미래를 대비해 언젠가 필요할지도 모른다는 생각으로 등록한 사람들은 자격증을 스페어 타이어처럼 생각한다. '일단 있어두면 언젠간 쓰겠지' 하는 마음으로 수업에 임하는 경우, 간절함보다는 '시간을 채우기 위한 태도'가 몸에 배어 있다.

이런 태도는 결국 기회를 포착하는 데 둔감하게 만들고, 설령 기회가 주어지더라도 그 기회를 살릴 만큼의 에너지를 쏟지 못한다. 결과적으로는 기대에 못 미치는 결과로 이어진다.

반면, 애초에 본 타이어처럼 자격증을 준비하는 사람들은 전혀 다른 모습을 보인다. 얼마 전 요양보호사 양성과정 수업을 들은 한 수강생이 있었다. 수업 중에 이런 문자를 받았다.

"교수님, 저는 이 교육을 통해 반드시 요양보호사로 일하고 싶습니다. 단지 합격을 위한 공부가 아니라, 현장에서 어떻게 좋은 요양보호사가 될 수 있을지를 고민하게 됩니다. 매 시간 들려주시는 말씀들이 그 갈급함을 채워주는 것 같아 감사합니다."

이 메시지만으로도 이미 충분히 감사한 일이지만, 그 수강생은 이후 수업에서도 남다른 태도를 보였다. 치매 대상자에 대한 돌봄 대응법을 역할극으로 익히는 수업에서 그분은 어르신들이 좋아할 만한 노래와 율동을 미리 준비해 와서, 마치 실제 현장처럼 성실하게 참여했다. 수업에 함께한 다른 수강생들 역시 자연스럽게 기쁨과 활기를 얻었다.

그분은 이후 현장실습에서도 최선을 다했고, 자격증이 발급되기도 전에 취업이 확정되었다. 이런 결과는 결코 우연이 아니다. 갈급함과 간절함은 말이나 태도, 심지어 표정 하나에서도 드러난다. 마음에만 있는 것이 아니라 반드시 행동으로 이어지기 때문이다.

나는 그분을 통해 다시 한 번 스페어 타이어와 본 타이어의 차이를 분명히 배웠다. 어떤 기회이든, 모든 기회는 최선이라는 마음으로 대해야 한다. 돌아가는 길이더라도, 온 마음과 에너지를 다해 걸었다면 그것이 바로 '최선'이다. 후회 없는 선택은 결국 그 태도에서 비롯된다.

이하영 작가의 책 『나는 나의 스무 살을 가장 존중한다』에는 이런 문장이 있다.
"사는 게 즐거워지면 삶의 모든 문제가 해결된다. 너무 허무한가? 그런데 사실이다. 기쁨도, 슬픔도, 실패도 즐겁다. 즐거움은 조건이 아니라 본질이다."

이 문장을 나는 이렇게 바꾸어 본다.
'주어진 기회를 본 타이어와 같이 사용하면 삶의 문제가 해결된다.' 너무 허무한가? 그런데 사실이다. 매 순간을 본 타이어와 같이 생각하면 최선을 다할 수 있다. **최선은 조건이 아니다. 최선은 본질이다.**

나도 스페어 타이어 대신, 늘 본 타이어만 가지고 다니려 했다. 그래서일까? 한 번으로 끝나는 기회는 내게 드물었다. 함께 일하던 기관이나 강의처는 몇 년씩 이어졌고, 함께한 사람들과도 오래도록 신뢰를 쌓을 수 있었다.

내 이력에 있는 자격증들 역시 예외는 아니다. 언젠가 필요할지도 몰라 취득한 자격증은 단 하나도 없다. 자격증이 발급되면 나는 반드시 그 자격증을 사용했고 지금도 사용하고 있다.

본 타이어를 장착하고 살아가는 삶은 때때로 고단하다. 하지만 그만큼 단단하다. 무엇보다도 기회들이 풍요롭게 주어진다. 진심으로 준비한 사람에게만 열리는 기회들은 그 길을 환하게 비춰준다.

내가 아닌 너의 중심

"교수님, 수업 시간표 중에서 하루만 변경해주시면 좋겠습니다.", "네. 어떤 날짜를 변경해 드릴까요?"

교육원 전임강사로서 가장 먼저 맡은 서류 업무는 강의 시간표 작성이었다. 대부분 본업이 따로 있는 시간강사님들과 함께 하다 보니, 종종 본업 일정에 따라 시간표 변경 요청이 들어온다.

그날도 전화로 요청을 받고, 통화 중 바로 시간표를 변경해드렸다. 그런데 며칠 후, 변경이 잘못되었다며 다소 화난 목소리의 전화를 받았다. 분명히 요청대로 처리했는데, 무엇이 잘못된 건지 이해되지 않았다. 진의를 따져 묻고 싶었지만, 상황을 증명할 수 있는 단서 하나 없었다. 결국 억울함을 삼킨 채 마무리해야 했다.

그 억울함은 생각보다 오래 남았다. 상대방의 요청을 수용했음에도 고맙다는 인사 대신 핀잔을 들으니, 마치 내 일처리에 문제가 있었다는 뜻처럼 느껴졌기 때문이다. 이후 나는 나의 업무 방식 자체를 점검했고, 다음과 같은 대응 방식을 만들어냈다.

"교수님, 통화가 끝난 뒤 변경 요청 날짜를 문자로 한 번 더 남겨주시겠어요?"

이제 서로 주고받은 문자에 변경 요청 내용이 고스란히 남는다. 그렇게 증거가 차곡차곡 쌓인 어느 날, 비슷한 상황이 다시 발생했다. 나는 주저 없이 문자 내용을 캡처해 전송했다. 그리고 그날은 화가 담긴 목소리 대신, 미안함이 담긴 목소리의 전화를 받을 수 있었다.

요양보호사의 업무 중에도 '보고'는 중요한 역할을 한다. 형식은 크게 구두 보고, 서면 보고, 전산망 보고로 나뉘는데, 각각 장단점이 있다. 구두 보고는 급하거나 간단한 상황에 적합하지만 기록이 남지 않는다는 단점이 있다. 서면 보고는 정확하게 전달할 수 있으나 속도 면에서 아쉽다. 그 두 가지 단점을 보완해주는 것이 바로 전산망 보고다.

스마트폰이 생활 필수품이 된 지금, 누구나 문자 메시지를 활용해 전산망 보고를 할 수 있다. 그런데 이 방식이 잘 작동하려면 단순한 '기법'보다 더 중요한 게 있다. 바로 보고 받는 사람의 성향을 파악하는 일이다.

내가 겪은 시간표 변경 사례를 돌아보니, 유독 한 강사님과만 같은 문제가 반복되었다. 다른 강사님들은 오히려 나보다 더 꼼꼼한 분들이었다. 이유는 간단했다. 대부분의 강사님들이 간호사 출신이었기 때문이다. 간호사로 병원 현장을 경험한 이들은

'대충'이나 '어느 정도'라는 표현을 멀리한다. 생명과 직결된 일을 다루는 만큼, 한 치의 오차도 허용하지 않는 자세가 몸에 배어 있다.

이처럼 정확성을 생활 습관으로 삼고 살아온 사람에게는 작은 실수도 눈에 띄기 마련이다. 그리고 그런 습관은 직업 때문만이 아니라, 그 사람의 성향이기도 하다.

임상 경험이 길지 않은 나 역시 꼼꼼한 편이다. 하지만 '교육원이니까 조금은 느슨해도 괜찮지 않을까'라는 착각이 없었다면, 억울함을 겪는 일도 없었을 것이다.

그럼에도 억울함에 머무르지 않고, 적절한 대처법을 찾고 실행한 것에 위안을 삼는다.

이 이야기는 내가 '보고의 형식'을 강의할 때 실제 예시로 자주 전하는 내용이기도 하다.

이 경험을 통해 나는 한 가지를 더 분명히 알게 되었다. 보고할 때 더 중요한 건 '나의 성향'이 아니라 '상대의 성향'이다.

보고 받는 이가 나보다 더 정확하다면 구두 보고만으로도 충분하다. 그 사람은 구두로 듣는 동시에 머릿속에 체크리스트를 만들고, 스스로 서면 정리를 하고 있을 가능성이 크다.

그러나 상대가 나보다 정확성이 떨어진다면, 내가 직접 내용을 기록으로 남겨야 한다. 그때 활용하는 것이 문자나 메신저를 통한 전산망 보고다.

이런 습관 하나가 억울함에서 조금 더 빨리 나를 자유롭게 해줄 수 있다.

일을 잘하는 방법은 수없이 많다. 하지만 내가 생각하는 '일을 가장 잘하는 사람'은 자신의 성향보다 상대방의 성향에 맞추려는 용기를 지닌 사람이다.

그런 사람은 혼자 할 수 있는 일이 이 세상에 없다는 사실을, 일찌감치 깨달은 사람일 테니까.

예의 너머의 시간

"교수님, 지금 요양원 앞에서 벨을 눌렀는데 답이 없습니다."
"그래요? 선생님 혹시 지금 시간이 몇 시쯤 되었는지 확인해 보셨을까요?"

교육원 수업이 종강되면 내가 양성하는 학생들은 실습수업이 이어진다. 요양원, 주간보호센터, 방문 요양 등 요양보호사로 취업을 하게 될 장소에서 현장감을 익히기 위함이다.

현장실습 첫날 요양원을 방문한 학생과 전화로 주고받은 내용이다. 내가 시간을 확인해보라고 했던 이유가 있다. 시간이 약속처럼 정해진 경우에는 한 가지가 아닌 두 가지의 배려가 있어야 하는데 혹시 그 하나를 놓치고 있는 건 아닌가 싶어서다.

실습은 오전 9시부터 시작이 된다. 그러니 늦지 않기 위해 적어도 15~20분 전에는 도착하라는 안내를 한다. 예의 시간이라는 것이 존재하기 때문이다. 물론 이 약속을 성실히 지켰으니 한 가지의 배려는 갖추었다.

그러나 하나를 놓쳤다. 실습을 가기 전 주의사항에서 이미 안내하고 있는 내용인데 실행 하는 방법을 놓친 것이다.

예의 시간 보다 더 이른 시간에 도착하는 것은 배려가 아닐 수 있다. 실습기관도 학생들을 받기 위한 준비시간이 필요하다. 24시간 생활을 하는 어르신들이 계신 곳이 요양원이고, 그 어르신을 돌보는 돌봄자가 요양보호사다. 돌봄자가 새로운 손님을 맞이하기 위해서 준비할 시간까지 침범하면 안 된다.

그런데 실습 시작 보다 1시간이나 빨리 도착해서 벨을 누르니 반응이 없었던 것이다. 설령 반응이 있어 문을 열어 준다 해도 이른 발걸음은 반가움이 아닌 불편함으로 남았을 것이다.

나도 대학병원에서 간호사로 3교대 근무를 해봤고 나이트 근무를 할 때가 있었다. 그 때 아침 인계를 준비하며 환자의 상태와 간호업무를 정리한다. 그 업무 외에도 반드시 하는 것이 아침 근무자를 맞이하기 위한 준비다. 이처럼 약속 시간이 정해졌다면 15~20분 미리 가는 시간외에 그 너머의 시간도 있다는 것을 인지해야 한다.

그 시간을 한 번이라도 생각했다면 요양원의 벨을 함부로 누를 수 없었을 것이다. 일찍 도착한 것은 내 사정이지 그것까지 배려를 해달라고 하는 것은 지나친 욕심이자 이기적인 태도다.

현장 실습 주의사항 중 "시간 엄수"에 대한 의미를 이렇게 풀어간다. 현장에서는 지식으로만 행동하는 것에 그치지 않고 지혜까지 넘어갈 수 있는 제자들이 되길 늘 바라고 있다.

내 삶에도 이 의미는 종종 적용하고 있다. 외부 강의를 가게 되는 경우 강의시간 보다 항상 이른 도착을 한다. 늘 다니던 곳이 아닌 낯선 곳으로 가기 때문에 적어도 1시간 전에는 도착을 할 수 밖에 없다.

그때 예의시간 너머의 시간을 기억한다. 강의 장소에서 멀지 않은 곳의 주변을 서성인다. 어떤 상점들과 기관들이 있으며 눈에 띄는 자연경관이 있는지도 확인해 본다. 그리고 그곳에서 느껴지는 기분 또한 고스란히 저장을 한다.

이렇게 저장한 정취들은 강의장 에서 한껏 풀어낸다.

"제가 오늘 이곳에 처음 왔습니다. 조금 이른 시간에 도착을 해서 주변을 서성이다 보니 토스트를 파는 트럭이 있더라고요. 혹시 드셔보신 분 있으세요?'

"그럼요. 강사님! 그 집이 이 동네에서는 인기가 꽤 많은 맛집 입니다."

"아. 그렇군요. 제가 이 동네의 핫 플레이스를 본거네요."

나의 말과 함께 강의장은 화기애애해 진다.

낯선 동네이지만 이 동네 사람들과 공감을 형성할 수 있는 소재를 찾아 대화를 나누었기에 조금 더 빠른 속도로 친해질 수 있었다.

사랑은 내 시간을 상대에게 기꺼이 내어주는 일이다. 그 시간을 어떤 것으로 채워야 할까? 상대의 옆으로 다가가기 위한 물리적인 시간도 반드시 필요하지만 농밀함을 담은 애정은 더 필요하다. 그 애정은 상대방이 머무는 곳으로 기꺼이 들어가 보려는 탐색과 탐구가 가장 좋다.

약속 너머의 시간을 불편함으로 남겨두지 말고 관심을 가득 담은 탐구로 활용해보자. 이렇게 내 삶에도 적용할 수 있었던 이유는 제자들과 공유하고 싶었기 때문이다.

내가 먼저 적용해 보고 그 경험을 바탕으로 이야기 할 때 생동감이 전해진다. 이론으로만 머무는 수업이 아닌 생명력이 있는 수업은 경험을 바탕으로 만든 스토리텔링 뿐이다.

우주 같은 돌봄의 마음

한 발을 내딛기 위해 잡아야 했던 당신의 손

그 손 덕분에 두발, 세발 심지어 뛰어 갈 수
있는 사람이 되었습니다.

신나게 뛰어다니며 세상과 만나 많은 이야기를
담다보니 어느 날
누가 나를 이렇게 부르더라고요.

"어르신"

노인이 되어 삶에 담았던 이야기들을 꺼내보려니
혼자서는 도저히 감당 할 수 없는
무게가 되어 있네요.

다시는 잡지 않아도 될 것 같았던 당신의
손이 또 다시 그리워집니다.

어느 날 노인에 대한 사색을 하며 써 내려간 자작시다.

사람은 태어나는 순간부터 돌봄을 받는다. 그 시간을 지나면서 자라고, 어느 정도 성장이 되면 이제는 독립을 선언한다. 그러나 어른이 됐다고 여기는 그 시간도 그리 길지 않다. 다시 돌봄을 받아야 할 때가 온다. 바로 노인이 되는 순간이다.

노인이 되어도 독립적인 삶을 지속적으로 꿈꾸지만, 끝까지 혼자 설 수 있는 사람은 없다. 그건 피할 수 없는 흐름이다. 삶은 시작이 있으면 끝이 있고, 태어남이 있으면 죽음이 있는 순환이다. 그 양끝을 잇는 단어 하나를 꼽자면 '엄마'다. 돌봄 교육을 하면서 자주 '엄마' 이야기를 꺼낸다. 엄마 같은 마음으로 돌본다면 그걸로 충분하다. 그래서 엄마의 의미를 다시 떠올려보자고 한다.

60대 초반 남자 어르신이 말했다.
"이제 곧 고아가 될 것 같아요. 어머니가 많이 편찮으시거든요."
고아란 부모 없이 혼자 남은 아이를 말한다. 그런데 예순이 넘은 분이 고아라고 하니 처음엔 낯설었다.
그 말은 오래도록 마음에서 떠나지 않았고, 어느 순간 이해가 됐다. 나이가 아무리 들어도 자식에게 엄마는 여전히 기댈 수 있는 존재다. **엄마라는 존재는 크기를 잴 수도 없고, 깊이를 가늠할 수도 없다. 그저 우주 같다.**

그 테두리 안에 있으면 작은 별이든, 작은 행성이든 상관없다. 내가 어떤 모습이든 우주가 나를 감싸고 있으니 그걸로 충분히 아름답다. 그분이 '고아'라는 말을 꺼낸 건 그 우주를 잃는 슬픔 때문이었을 것이다. 엄마 앞에서는 나이가 아무리 많아도 자식은 그저 아이가 된다.

어버이날에 70대, 80대 어르신이 눈물 짓는 이유도 결국 그 그리움일 것이다.

그리움은 어떤 감정일까? 매일 마음속에 차곡차곡 쌓아가지만 쉽게 꺼내지 못하는 애틋함 아닐까 라는 생각을 한다. 시간이 지나도 엄마라는 단어를 지워낼 수 없는 마음과 같다.

노인의 자리는 엄마에게 받았던 사랑을 다시 한 번 받고 떠나라는 마지막 선물일 수도 있다. 그 선물을 가장 아름답게 만들어줄 사람은 엄마처럼 다가가는 돌봄자다. 그때 필요한 돌봄이란 결과보다 과정을 바라보는 태도다.

아이 돌봄은 빠른 결과를 만난다. 누워 있던 아기가 눈을 맞추고 웃고, 기고, 앉고, 걷는 모습을 순식간에 볼 수 있다. 그 변화는 돌보는 사람에게 기쁨과 보상이 된다.

하지만 노인은 다르다. 아무리 잘 돌봐도 상태가 나아지기보다는 유지되거나 악화되는 경우가 많다. 이 흐름에 지쳐서 포기하는 사람도 꽤 많다. 그래서 하루하루, 지금 이 순간에 집중하는 태도가 필요하다. 그저 그 사람을 바라보는 것, 있는 그대로 받아들이는 것, 그게 엄마의 마음이다.

매일 밥하고, 빨래하고, 청소하던 엄마의 손길이 있다. 작고 평범해 보이는 일들이 사실은 사랑이 이끄는 행위였다. 큰 사랑은 거창하지 않다. 작아 보이는 일이지만 묵묵한 희생 속에 진짜 사랑이 담겨 있다.

엄마는 자식에게 꿈을 걸지만, 자식은 결국 자기 길을 가야 한다. 그 길을 잘 갈 수 있도록 응원하고 지지해주는 마음이기도 하다.

간호사 면허를 취득하고 대학병원에서 4년간 일했다. 사람들이 부러워하는 병원이었고, 안정적인 직장이었다. 그런데 3교대가 너무 힘들었고, 몸과 마음이 조금씩 닳아갔다. 결국 퇴사를 결심할 수밖에 없었다. 그때 엄마는 말했다.

"그 좋은 병원을 왜 그만두니?" 그리고 퇴사 후 여러 일을 전전하며 삶이 안정되지 않았던 시기에도 이런 말을 들었다. "그냥 계속 다녔으면 지금쯤 수간호사 돼 있었을 텐데… 연봉도 꽤 높았을 테고…"

하지만 나는 내가 원하는 길을 걸었다. 지금은 돌봄을 전하는 강사가 되었고 전국을 다니며 강의하고 있다. 지금까지 살아왔던 이야기를 모아 책으로 엮어 출간 작가가 되기도 했다. 그리고 그 책을 가장 먼저 읽은 사람이 나의 엄마였다.

책을 다 읽은 뒤, 엄마는 더 이상 아무 말도 하지 않았다. 말 없는 응원군이 되어 묵묵히 내 삶을 지켜봐주고 있다. 이제는 내가 걸어온 길을 믿고, 응원해주는 사람으로 곁에 있다.

   나에게도 우주 같은 엄마가 있는 것이 세상 가장 큰 행복이다.

   자식을 다 키운 제자들에게 가끔 묻는다.

   "지금 자식 다시 키우면 예전보다 더 잘 키우겠지요?" 많은 이들이 '그렇다'는 눈빛을 보낸다. 그 눈빛을 보고 나서 이렇게 말한다.

   "기회는 아직 남아 있어요. 앞으로 만나게 될 어르신들을 내 자식이라고 생각해 보세요. 우주 같은 엄마가 한 번 더 되어볼 수 있는 기회가 우리에겐 있어요. 그걸 생각하면, 참 복된 일이죠."

   우리는 여전히 누군가의 엄마가 될 수 있다. 다 자란 자식에게서 비로소 놓았던 손을 삶의 끝자락에 선 어르신에게 다시 내밀어 주면 된다. 그 손은 다정해야 하고, 따뜻해야 하며, 서두르지 말고, 결과를 바라지 말아야 한다. 그저 그 곁을 지키며 '괜찮다'고 말해주는 손이면 충분하다.

   한때 내가 붙잡았던 그 손처럼, 이제는 내가 누군가에게 그런 손이 되어줄 차례다.

5장

뇌 건강은 순수주의자
: 잊지 않으려, 더 맑아지려

먼저 걷는 용기로 피어난 길

한 우물을 오래 파다 보면 시야가 점점 좁아지기 마련이다. 익숙함이 주는 편안함 때문일까. 새로운 일을 시작할 때는 내가 걷고 있는 길이 맞는지 여러 번 되묻고, 언제든 방향을 틀 수 있도록 곁길을 열어두곤 한다. 하지만 시간이 지나 적응이 가까워질수록 곁길을 향한 갈망은 조금씩 사라진다.

요양보호사 강사로 10년을 넘게 한 우물만 파고 있던 나도 곁길에 대한 갈망이 없었다. 다른 직업을 가져보겠다는 생각을 하지 않았기 때문이다. 그러나 몇 년 전부터 SNS를 시작하며 곁길에 대한 갈망이 움을 틔우기 시작했다.

메마른 땅에 단비를 뿌리듯 '도전'이라는 빗방울을 조금씩 뿌려보게 된 것이다. 한 두 방울의 빗방울들이 이전에는 경험해 보지 못했던 세상의 풍경과 종종 만나게 해주었다. 그 만남이 좋아서 계속적으로 갈구하다 보니 요양보호사 강사라는 이름 외에도 여러 가지 일을 하는 사람이 되어 있었다.

이런 경험들은 새로운 도전을 하고 싶을 때 마다 한 발을 내딛을 수 있는 신호탄이 되고 있었다. 그러나 시작만큼 빠르게 따라온 것은 두려움이다. 실패를 미리 걱정하는 마음을 포함하고 있기 때문이다. 실패라는 단어는 어느 시점에서 사용해야 하는 것인가? 그 시점을 미리 짐작하지 않으려 한다. 오늘의 실패가 내일의 기회였을지도 모르니까.

2023년 3월, 평생교육원으로부터 치매예방 인지활동지도사 강의 제안을 받았다. 총 40시간에 달하는 수업을 혼자 기획하고 진행해야 한다는 점이 부담스러워, 교육원에 소속된 다른 강사님들과 강의 시간을 나누어 맡기로 했다. 하지만 개강을 며칠 앞두고 다른 강사님들로부터 강의를 진행하기 어렵다는 연락을 받았다. 결국 전 일정이 온전히 내 몫으로 돌아오게 된 것이다. 정해진 교재를 따라가는 방식이 아닌 처음부터 계획안을 직접 작성하고 실기 수업까지 구성해야 하는 강의였기에 그 부담이 다른 강사님들에겐 더욱 크게 느껴졌던 듯하다. 부담을 덜어보려다가 더 많이 안게 된 상황이 되었다.

강의 일정이 온전히 내게 돌아온 데 이어, 또 다른 어려움이 닥쳐왔다. 바로 교재였다. 이론과 실기를 함께 진행해야 하는 수업임에도 불구하고, 교재는 이론에만 치우쳐 있어 그대로 활용하기에는 한계가 있었다.

나는 늘 이렇게 생각해왔다. 지도사, 즉 리더는 머리만 커서는 안 된다고. 생각이 깊은 만큼 가슴은 따뜻해야 하고, 손과 발은 민첩하게 움직일 줄 알아야 한다. 그래서 큰 결심을 하게 되었다. 요양보호사 양성과정을 진행하면서 얻은 실전 경험을 바탕으로, 실기 중심의 교재를 직접 집필하기로 한 것이다.

국비 지원 교육의 특성상 교재 사용에도 노동부의 승인이 필요했지만, 다행히 별다른 문제없이 통과되었다. 그리고 드디어, 내가 직접 쓴 교재로 수업을 진행하는 순간이 찾아왔다. 그 감정은 글로 다 담아낼 수 없을 만큼 깊고도 벅찼다.

이렇게 시작한 인지활동지도사 강의는 매달 개강을 할 수 있었고, 수강생들에게는 찬사를 받기도 했다.

"남들이 하지 않으려는 일을 하다 보면, 결국 나만의 길이 만들어진다." 이 강의를 시작하며 블로그에 남긴 문장이었다. 그 말을 스스로에게 되새기며 나는 조용히, 그리고 쉼 없이 내 길을 걸어왔다. 뒤돌아보면, 그 걸음들은 하나의 방향을 만들었고, 어느새 나만의 방식과 결이 담긴 결과물로 이어졌다. **누군가 다져놓은 길 위에서는 결코 '독보적인' 길이 만들어지지 않는다.** 정해진 틀 안에서는 결코 나만의 색을 찾을 수 없기 때문이다.

나는 누구도 손대지 않은 낯선 길 위에 첫 발을 디뎠고, 익숙하지 않기에 더 자주 주춤거리며 나아갔다. 그 길은 마치 아무도 지나지 않은 하얀 눈밭 위에 짙은 발자국을 새기며 나아가는 초행길과 같다. 한 번도 걸어보지 않았기에, 어디로 향하는 길인지 미리 알 방법은 없다. 다만 차가운 기운이 먼저 발바닥에 닿을 거라는 예감만이 있을 뿐이다. 온기란 언제나 쉽게 드러나지 않는다. 그러나 그 차가움에 담담히 맞서며 걷다 보면, 결국 내 발바닥에서 번져 나온 온기가 눈을 녹이며 따스한 길을 만들게 되는 순간이 온다.

1기 수업을 개강할 때 마음속에 또 다른 한 가지를 새겨 놓았다.
'마음이 즐거우면 만사형통이다.'

웃음은 초조함뿐 아니라 불안감도 줄여 준다. 13세기의 기록에도 외과 의사들이 환자의 고통을 줄이기 위해 웃음을 의학적으로 이용했다는 이야기가 나온다. 미국과 영국에서는 웃음 치료가 하나의 대체의학으로 인정받을 정도다. 또한 웃음은 뇌에서 세로토닌, 도파민, 엔도르핀 등 기분을 좋게 만드는 호르몬 분비가 촉진되어 스트레스를 줄여준다고 한다. 더불어 부정적인 감정을 사라지게 할 뿐만 아니라 인지능력 향상에도 도움을 준다. 심리적으로 안정된 아이들이 공부를 잘 할 수밖에 없는 이유와 같다.

치매로 인한 인지기능의 저하를 예방하기 위해서도 마음을 즐겁게 하면 된다. 어린아이처럼 순수한 마음으로 되돌리는 것이 먼저다. 세상 온갖 신음을 떠안고 있는 것처럼 무거움이 있다면 그 무게부터 과감히 내려놓을 수 있어야 한다.

3살배기 아이들은 바람에 날리는 풍선 하나만 보고도 깔깔 소리를 내며 웃는다. 오감이 열려있고 그 감각을 온전히, 그대로 받아들이기 때문이다. 그동안의 쌓아왔던 수많은 경험을 감각 앞에 내세우지 않아야 한다. 있는 그대로 보고, 있는 그대로 듣고, 있는 그대로 느끼면 된다.

가장 중요한 것은 나부터 즐거워야 한다는 것이다. 이 원칙을 실천하는 강사가 되기 위해 회춘을 선택했다. 10살의 놀이대장으로 돌아가 강의실 이곳저곳을 돌아다닌다. 수업에 참여한 분들을 학생이라는 생각 대신 언니, 오빠들이라고 생각하고 한판 놀이를 즐기기 위함이다. 그 놀이가 가져다주는 흥에 취해 삶까지 신명나게 돌아간다. 놀이에는 나이도 없고, 성별도 없고, 직위도 없다. 온전히 재미만 있다. 뇌를 건강하게 유지하는 방법은 그리 멀지 않은 곳에 있다. 현재 나이가 몇이든 상관없이, 조건 없이 행복했던 그 시절로 추억의 시계를 돌려보면 된다.

이 장에 담긴 이야기들은 바로 그 추억 속에서 만난 순수함과 감동을 기록한 것이다. 인지활동지도사 과정을 수업하며 마주한 장면들 속에서 우리는 때때로 과거의 웃음을 다시 꺼내보고, 상상과 감정의 깊이를 다시 느끼게 된다. 이제 그 시간 속으로 함께 떠나보자.

웃음이 머물던 그 시절, 그 자리

'부스럭 부스럭.' 여기저기서 가방 여미는 소리가 들려온다. 이 소리는 제자들이 빠른 귀가를 위해 만들어내는 분주함이다. 마지막 수업시간이 1~2분 정도 남았을 무렵, 교실은 어느새 일촉즉발의 긴장 상태로 돌변한다. 책상 위의 볼펜은 황급히 필통 속으로 들어가고, 가방은 품 안에 껴 안겨 있다. 어떤 제자는 이미 책을 덮고 눈만 말똥히 강사를 바라본다. 요양보호사 양성과정을 17년째 강의하며 수도 없이 마주해온 풍경이다. 시간이 흘러 베테랑 강사가 되었지만, 이 순간만큼은 아직도 넘기 힘든 한계로 남아 있다.

그런데, 인지활동지도사 수업에서는 전혀 다른 풍경이 펼쳐진다. "이제 집에 가셔야 할 시간이에요." 이런 말을 꺼내는 쪽은 오히려 나다. 종이접기를 마무리하지 못해서 조금만 더 접고 가겠다는 분, 공기놀이가 끝나지 않아서 한 판만 더 하자는 분, 윷놀이 승부가 나지 않았다고 못 일어나는 분들까지 생겼다.

지식을 넓히는 공부가 아무리 유익하다 해도, 흠뻑 몰입하게 만드는 '놀이'의 즐거움을 이기기는 쉽지 않다. 요양보호사 수업이 '공부'라면, 인지활동지도사 수업은 '놀이' 수업이다. 놀이는 나이의 제한이 없다. 회상요법을 진행하면서 이 사실을 다시금 절감하게 되었다.

치매를 앓고 있거나 인지기능이 저하된 어르신들을 대상으로 한 인지활동은 다양한 프로그램이 있다. 그중 단연 으뜸으로 꼽고 싶은 건 회상요법이다. 치매 상태에 따라 접근 방식은 달라야 하겠지만 거동이 가능한 대상자라면 온몸을 활용하는 놀이 프로그램이 매우 효과적이다.

가장 행복했던 시기의 나이를 떠올려 보라고 하면 많은 분들이 10세에서 15세 사이를 말한다. 지금 이 또래 아이들은 학업 부담으로 바쁘게 살아가는 현실이 떠오르지만 당시의 어르신들은 마을 구석구석을 누비며 해 질 때까지 놀던 시절을 기억한다.

"하나, 둘, 셋, 넷… 다 숨었니?"
커다란 나무 뒤에 두 손으로 얼굴을 파묻고 수를 세던 숨바꼭질 장면이다. 숨기대장이 되어 탐정에게 들키지 않으려 꼭꼭 숨었다는 이야기를 웃으며 풀어놓는다. 담벼락 아래 쪼그리고 앉아 돌멩이로 공기알을 집던 손, 노랫말에 맞춰 뛰고 앉으며 검정 고무줄을 넘던 순간들, 제기차기, 딱지치기, 실뜨기까지 추억의 타임머신은 한없이 깊고 풍성하다. 이야기를 나누는 '수다요법'만으로도 회상은 시작된다. 그러나 그 시절로 진짜 돌아가고 싶다면 몸을 움직여 보면 된다.

실뜨기 실을 두 손에 감고 모양을 만들기 시작하면, 손은 기억을 따라 척척 움직인다. 머릿속에 그려진 도형이 아니라, 어릴 적 몸이 익힌 '동작 기억'이 살아나는 것이다.

하지만 모든 놀이가 그렇게 능숙한 건 아니다. 제기를 손에 드는 순간, 발은 저절로 움직이지만 마음과 몸은 따로 논다. 공기돌은 손가락의 무뎌진 감각을 비웃듯 또르르 바닥으로 굴러간다. 딱지를 힘껏 쳐도 바닥만 몇 번 두드릴 뿐이다. 눈은 흐릿해지고, 허리는 잘 숙여지지 않는다. 머리에 얹은 비석은 균형을 잃고 미끄러진다.

두 손을 앞사람 어깨에 얹고 "열두 시가 되면 문을 닫는다"를 외치며 교실을 휘젓고 돌아다닐 때, 웃음이 얼굴 가득 피어난다. 놀이가 잘 돼서가 아니다. 이겨서도 아니다. 그때 그 시절로 돌아갈 수 있고, 그 때처럼 다시 웃을 수 있다는 사실이 행복을 데려온 것이다.

"그땐 그랬지, 아니 지금도 그래." 그 시절의 해맑은 웃음은 지금도 우리 안에 남아 있다. 그 웃음을 다시 꺼내는 순간, 시간은 아무 의미가 없어지고 오직 지금 이 순간만이 반짝이게 된다.

우리는 어릴 적 아무 조건 없이 놀이 자체를 즐겼다. 어른이 되어가며 조건을 따지고, 상황을 재고, 환경을 살피느라 정작 그 자체를 즐기는 법을 잊어버린 건 아닐까.

회상요법 수업은 내 안에 숨어 있던 개구쟁이를 불러내는 시간이다. 이 수업이 끝난 뒤 다시 기억 속으로 숨어버리더라도 언제든 용기를 내어 그 아이를 불러내길 바란다. *"네!"* 하고 대답하며 다시 놀이판을 펼칠 수 있기를.

나는 이 시간을 통해 내가 사랑하는 제자들에게 늘 전하고 싶은 말을 다시금 되새긴다.

"우리는 이미 충분히 능력 있는 존재입니다. 그저 마음속에 잠든 순수한 개구쟁이를 깨우는 용기 하나면, 언제든 삶은 다시 환하게 빛날 수 있습니다."

그리고 나는, 그 용기의 불씨가 되고 싶어 오늘도 놀이판에 선다.

잊혀진 나를 깨우는 흑연의 선율

"어릴 적 만화 속에서 보았던 오르고 싶은 바벨탑, 그러나 수줍어 말도 못하고 살았던 나, 이제는 두려움을 떨쳐 내고 당당히 세상으로 나아가려 한다. 뒷모습이 아닌 환한 얼굴로…"

이 문장들을 읽어가며 눈물을 흘리던 한 분이 있었다. 인지활동지도사 강의 프로그램인 "난화"시간에 일어난 일이다.

난화란 낙서, 다른 말로 낙화라고도 표현하며 긁적거리기란 의미로 사용하기도 한다. 종이 한 장에 점, 선, 면, 곡선, 도형 중 하나를 그려서 상대방과 교환한다. 서로 주고받은 종이에 그려진 모양을 이용해서 내가 그리고 싶은 그림을 완성하면 된다.

짧은 시간 안에 그리는 그림이다. 많은 생각을 담아낼 수 없는 단점이 있으나 오히려 많은 생각을 할 수 없어 진실한 내면의 모습과 만나기도 한다.

그림을 그리고 나면 제목을 적고 다른 사람들에게 그림에 대해 간단히 설명하는 시간이 있다. 이때 문장을 읽으며 눈물과 만나게 된 것이다. 이 분에게 그림으로 찾아온 내면의 모습을 잠시 소개하고자 한다.

지금까지 살아온 삶은 지극히 내향적이었다. 그러나 마음속 까지 내향은 아니었다. 언제나 오르고 싶었던 바벨탑을 높이 쌓아두고 있었기 때문이다. 그곳을 향해 한 발씩 내딛고 싶었지만 두려움은 종종 발목을 부여잡았다. 그러나 이제는 시작을 해야 할 것 같은 생각이 들었고 난화를 그리며 생각에서 실행으로 옮겨가기 위한 다짐을 했다.

이 분은 50대의 중년 여성이다. 사회생활의 경험이 많지 않은 상태로 집에서만 지내다가 요양보호사 자격증에 도전했다, 시험에 합격해서 자격증 취득까지는 무난히 통과했다. 그러나 자격증 취득이 목적은 아니었다. 요양보호사로 일을 하며 경제적 독립도 하고 사회관계망도 만들어 갈 계획이었다. 계획을 실행으로 옮겨가려는 찰나에 또 다시 마주하게 된 것이 있었다. 그건 두려움이다.

계획과 실행의 간격을 벌려 놓는 무서운 존재이기도 하다. 해야 할 이유보다 하지 못할 핑계들이 수도 없이 찾아들기 때문이다. 이 핑계들과 타협하지 않고 나아가기 위해서는 자신감이 어느 정도 필요하다. 난 자신감을 만들어 가는 것 중 하나가 '준비'라고 생각한다. 그래서 요양보호사 자격증을 취득한 분들에게 권하고 있는 강의가 인지활동지도사 과정이다. 무언가 하나를 완성했다는 만족감을 얻기 위해 또는 막연한 미래를 위해 자격증 하나를 해

놓겠다는 생각으로 오시는 분들에게는 추천하지 않는다.

그런 마음에는 열정도 없고, 자발성도 없다. 그저 의자에 앉아 흘러가는 시간에 내 몸을 맡겨놓는 모습과 만나게 된다.
요양보호사 양성강의를 17년 동안 하면서 가장 많이 깨닫고 있는 것이 있다면 그건 무엇보다 자발성이다. 스스로 움직이지 않는 사람에게는 아무것도 일어나지 않는다. 설사 어떤 일이 일어난다 하더라도 그 일에 대한 감사도 없고 일회성으로 끝나는 기적을 의지할 뿐이다. 해 본 경험이 없어 다음 또한 스스로 만들어 가지 못하기 때문이다.

모든 일의 시작점은 언제나 "나"인 것이다.

이런 강의는 이미 요양보호사 양성과정 속에서 귀에 딱지가 앉은 만큼 부르짖으며 반복한다. 이 분도 내가 가르친 제자였으니 이 딱지가 꽤 간지러움을 태웠을 것이다. 그렇지 않았다면 인지활동지도사 강의를 신청하지도 않았다.

난화를 그리고 마음 속 생각을 글로 작성해 봤을 뿐이다. 그런데 이 과정이 무의식속에 담겨 있는 모습을 감추지 못하게 한다. 연필 한 자루의 힘이다.

이런 모습을 바라보고 있자니 내 마음 또한 감동의 진동을 울려댔다. 난 그 진동에 작은 희망을 넣어 다시 돌려주었다.

"누구나 어린아이로 머물러 있는 지점이 있습니다. 어린아이 모습도 좋지만 조금 더 성장하고 싶은 욕구가 생겼다면 힘을 내야할 때입니다. 한 발을 내딛는 것은 어제까지 살아왔던 삶에 용기를 더하기 하는 일이기 때문입니다. 마음의 창을 조금씩 열어 보세요. 살며시 파고드는 설레임 깃든 바람이 느껴질까요? 그 바람을 따라가다 보면 어느 날 망설임 없이 마음의 창을 활짝 열어 볼 날이 반드시 올 겁니다. 내 마음의 창은 오로지 나만 열 수 있는 창이니까요."

내가 보낸 메시지의 답은 환한 웃음꽃이 되어 돌아왔다. 눈물을 흘려 얼룩덜룩 해진 얼굴이지만 지금까지 보았던 그 어떤 꽃보다 아름다웠다. 들판 위의 모든 꽃은 만개가 되면 그 때만 아름다움을 뽐 낼 뿐 반드시 시들어 버린다. 그러나 사람의 얼굴에 환한 만개를 드리운 꽃은 절대 시들지 않는다. 희망이라는 양분을 먹고 끝없이 계속 피어나기 때문이다.

난화 수업은 단지 그림으로 표출된 내면을 들여다보는 데서 끝나지 않는다. 마음의 흔적을 읽었다면, 이제는 그 마음이 제자리를 찾도록 조심스레 길을 내주어야 한다. 강의 시간 내내 나는 말과 글이라는 언어의 도구로 조율하고 다듬으며, 각자의 마음에 온기를 불어넣는 일을 한다.

누군가의 다정한 손길은 얼어붙은 마음에 내어주는 따뜻한 밥 한 끼와도 같다. 허기진 하루를 견디게 해주는 그런 한 끼처럼 그 손길은 말없이 깊은 위로가 된다. 나는 오늘도 조심스럽게, 제자들의 마음 위에 그 다정한 한 끼를 내어주려 애쓴다. 그리고 몰래 그 마음을 엿보는 도둑이 되기를 자처한다.

삶으로 이어지는 동화 한 장

"책은 수단이 아니라 목적이 되어야 한다."

책을 읽는 행위는 단순히 정보를 얻기 위한 통로를 넘어, 감정을 공유하고 삶의 방식까지 바꾸는 경험이 될 수 있다. 책과 하나가 되는 순간, 독서는 더 이상 행위가 아니라 살아 있는 경험이 된다.

나의 독서 출발점은 동화책이었다. 한때 아동전집을 판매하던 판매사원이기도 했다. 집안 벽면을 가득 메운 책장을 보며 "이 많은 책을 산 돈이 아깝다."는 생각에 쪼그리고 앉아 읽기 시작한 것이 동화책이었다. 짧고 반복적인 문장, 그림에 담긴 감정들이 상상의 묘미에 흠뻑 빠져들게 했다. 그 후로 나는 동화를 '읽는' 것이 아니라 삶 속에 가져와 직접 살아내고자 했다. 그 경험은 지금 인지활동 수업을 구성하고 이끌어가는 데에 소중한 자산이 되었다.

지금 우리는 동극 〈팥죽 할멈과 호랑이〉를 연습 중이다. 알밤 하나가 "폴짝폴짝 통통" 뛰며 앞으로 나온다. 자라 한 마리는 "엉금엉금 척척" 기어온다. 물찌똥, 송곳, 절구, 멍석, 지게까지, 의태어를 표현하며 무대로 향하는 사람들은 모두 인지활동지도사를 꿈꾸는 제자들이다.

이 동화는 호랑이가 할머니를 잡아먹으려 찾아오지만, 팥죽이라도 먹고 가라며 시간을 벌고, 그 사이 알밤과 자라, 송곳과 지게가 차례로 등장해 할머니를 도와 호랑이를 물리친다는 내용이다.

수많은 독후활동이 있지만 나는 '의태어를 몸으로 표현하는 활동'을 선택했다. 치매의 진행 정도에 따라 차이는 있지만, 인지 기능이 저하되어도 몸의 움직임은 비교적 보존되는 경우가 많다. 이는 치매가 대뇌의 인지 기능에 영향을 주는 반면, 움직임을 담당하는 소뇌는 상대적으로 손상이 덜하기 때문이다.

의태어 표현에 가장 필요한 것은 '관찰력'이다. 언어는 단어 선택의 정확성이 중요하지만, 비언어적 표현은 오감을 열고 세심히 바라보아야 가능하다. 대상을 세밀하게 관찰하고, 그 특징을 몸으로 표현해내는 것. 이것이 진짜 '표현'이다.

예를 들어, 송곳을 표현하기 위해 다리를 한쪽으로 꼬고, 팔을 높이 들어 온몸으로 날카로움을 세운 동작은 단순한 흉내가 아니었다. 굴러가는 알밤을 표현할 때는 몸 전체에 리듬을 실어 가볍게 튕기듯 움직였고, 절구의 묵직함을 전할 땐 상체를 낮게 내리고 두 발에 무게를 실어 '쿵쿵' 울리는 느낌까지 담아냈다.

이처럼 자신만의 방식으로 풀어낸 표현에는 보는 이까지 몰입하게 만드는 힘이 있다. 중요한 건 얼마나 '비슷하게' 흉내 냈는지가 아니라, 얼마나 '잘 관찰했는지가' 드러나는 것이다. 표현은 결국 관심에서 시작된 진심 어린 재현이다.

나 역시 배역 하나를 맡아 무대에 오른다. 상상력으로 확장된 동작 덕분에 책 속 주인공이 되어보는 즐거움도 얻는다. 무대를 바라보는 관객들의 웃음은 수업의 분위기를 환하게 밝히고, 그 웃음 속에서 우리는 조금씩 자신감을 얻는다.

그날, 특별한 순간이 있었다. '경중경중'이라는 지게의 의태어를 표현한 분은 평소 말수가 적고 늘 조용하셨다. 그런데 그분이 갑자기 두 다리를 높이 들고 뒷짐을 지며 천천히 걷기 시작했다. 모두가 놀랐고, 웃으며 그 동작을 따라했다.

수업이 끝난 뒤 그분은 이렇게 말씀하셨다. "예전 어릴 때 마당에서 잔치 열면 꼭 이런 춤을 췄지. 그때가 생각나서 나도 모르게 몸이 움직였어."

그날 이후 그는 다른 활동에도 점점 더 적극적으로 참여하기 시작했고, 스스로 이야기를 꺼내는 일도 많아졌다. 단순한 몸짓 하나가 과거의 기억을 건드리고, 그 기억이 오늘의 웃음과 내일의 활력으로 연결된 순간이었다. 책 속 이야기 하나가 내 삶과 손을 맞잡는 순간, 치매도, 인생도, 그 어느 날보다 더 오랫동안 반짝일 수 있다.

책을 읽는 것만으로도 인지기능은 자극받는다. 여기에 즐거운 독후활동이 더해진다면, 독서는 기다려지는 시간이 된다. 노화를 막을 수는 없지만, 인지기능 저하의 속도는 조절할 수 있다. 속도를 잡아주는 브레이크 중 하나가 바로 '지속성 있는 독서활동'이다.

동화책은 글자를 읽지 않아도 그림만으로도 충분히 공감할 수 있다. 치매는 인지 기능을 떨어뜨리지만 감정은 여전히 느낄 수 있다. 동화책은 그런 감정을 어루만지며 심리적 안정과 즐거움을 준다. 매일 쏟아지는 수많은 책들. 그러나 같은 책은 단 한 권도 없다. 갈증이 날 때마다 꺼내 마시는 샘물처럼 책은 늘 새로운 감정과 깨달음을 안겨준다.

소위 '딴짓'이라 불리던 전집 판매사원으로서 동화책에 빠졌던 경험은 지금의 나에게 소중한 자산이 되었다. 마흔이 넘은 지금도 여전히 동화책을 사랑하며, 매일 밤 막둥이와 함께 동화책을 읽고 그 주인공이 되어 다리를 놓고 있다. 삶으로 이어지는 행복한 다리.

사랑을 그리는 법

"교수님, 눈이 이마에 있어요.", "하하, 코는 어디로 가버렸나요?", "저건 도대체 누구예요?"

칠판에 붙은 그림을 보며 학생들이 감상평을 쏟아낸다. 눈이 이마에 있고, 코는 사라졌으며, 얼굴 윤곽 없이 눈·코·입만 덩그러니 떠다니는 이 낯선 얼굴들의 주인공은 다름 아닌 인지활동지도사 수업을 듣고 있는 제자들이다.

이 황당한 그림들이 탄생한 이유는 단 하나. 눈을 감고 서로의 얼굴을 그려보았기 때문이다. 사실 눈을 뜬 채로도 타인의 얼굴을 정확히 그리는 일도 쉽지 않다. 그런데 왜 하필 눈을 감게 했을까?

그 이유는 '시각' 외의 감각들을 깨우고 싶었기 때문이다. "알면 사랑하게 된다."는 최재천 박사님의 말처럼, 진정한 앎은 시각만으로 완성되지 않는다. 알고자 하는 마음은 오감을 통해 자라난다. 모든 감각을 총동원할 때 진심으로 누군가를 사랑할 수 있다. 나는 이 수업에 참여한 제자들이 아주 짧은 3~5초의 시간이더라도, 눈을 감은 채 누군가를 사랑할 수 있다는 사실을 몸소 느껴보길 바랐다. 오히려 눈을 감는 순간, 다른 감각들이 선명하게 깨어난다. 청각, 촉각, 후각, 그리고 직관까지. 우리는 그 모든 감각을 동원해 타인을 이해하고, 사랑할 수 있다.

수업 첫날, 학생들은 스스로 자리를 정해 앉는다. 그리고 대부분 그 자리를 종강할 때까지 고수한다. 익숙함이 주는 안정감 때문이다. 익숙한 자리는 친밀감을 만들고, 그 친밀감은 단단한 관계를 만든다. 매일 마주하는 옆자리 짝꿍과 자연스레 교감하게 되는 것이다. 그러나 이런 관계에는 분명한 한계가 있다. 강의실이라는 공간은 자리가 곧 관계의 폭을 결정하기 때문이다. 물론 모든 사람과 친해질 순 없다. 낯선 사람에게 먼저 다가가는 이들만이 작은 모임을 이끌 뿐이다.

강의실에서 우리가 함께하는 시간은 단순한 지식의 전달을 넘어선다. 내가 정말 바라는 것은, 이 공간에서 이름도 모르고 얼굴도 제대로 보지 못한 채 스쳐 지나가는 일이 없기를 바라는 것이다. 한마디 대화도 나누지 못한 채 헤어지는 일은 작지만 깊은 슬픔이다.

그래서 나는 강사로서 가진 '권력'을 사용한다. 바로 자리 바꾸기다. 맨 앞자리 사람과 맨 뒷자리 사람이 일어나 서로 자리를 바꾸고, 이 낯선 짝꿍 만들기는 강의실을 여러 번 휘젓는다. 다행히 아직까지 내 '권력'에 공개적으로 반기를 든 사람은 없다. (앞으로는 어떨지 모르겠지만, 그건 그때 생각하기로 했다.)

자리를 바꾸고 나면 어색함이 밀려온다. 이를 알기에 마주 보기 전, 일단 정면을 보며 마음의 준비를 하게 한다. 준비가 되면 책상 위에

사랑을 그리는 법

종이를 놓고 싸인펜을 쥔다. "하나, 둘, 셋" 구호에 맞춰 새 짝꿍과 마주 본다. 단 3~5초, 짧지만 진심을 담아 상대를 바라보는 시간이다. 곧이어 두 사람 모두 눈을 감고, 짝꿍의 얼굴을 떠올리며 조심스레 그림을 그린다.

완성된 그림은 본인만 확인한 후 뒤집어 제출한다. 그림은 칠판에 하나씩 붙고, 강의실은 다시 떠들썩해진다. 학생들은 그림을 바라보며 감상평을 나누고, 그림 속 인물이 누구인지 추측한다. 웃음과 놀라움이 가득한 순간이다.

이 단순한 활동을 통해 학생들은 여러 가지를 경험한다. 그림을 보며 스스로 자신의 얼굴 같다고 느낀 이가 먼저 손을 든다. 평소 자신을 유심히 관찰한 누군가가 있었다면, 그림 속 특징을 단번에 알아차린다. 결국 나를 가장 잘 아는 사람만이, 타인이 그려낸 나를 먼저 알아볼 수 있다.

우리는 매일 거울을 보지만, 진심으로 내 얼굴을 들여다본 적은 얼마나 될까? 웃는 얼굴, 울고 있는 얼굴, 분노한 얼굴은 각각 어떤 표정을 짓고 있는가?
인상은 저절로 생기지 않는다. 표현을 통해 천천히 만들어지는 것이다.

나는 감정 표현이 없는 무표정한 얼굴을 대할 때 가장 어렵다. 무표정은 표현하는 법을 잘 모른다는 뜻이기도 하다. 그래서 나 역시도 건강하게 감정을 표현할 수 있는 사람이 되고 싶다. 그것이 관계의 진짜 시작이라고 믿기 때문이다.

혹시 그림을 통해 자신을 알아보지 못한 경우에는 서로를 찾아주는 시간이 이어진다. 이때 가장 중요한 건 조용히 들여다보는 마음이다. 스치는 눈길만으로는 찾을 수 없다. 상대의 이미지, 특징적인 소품, 헤어스타일까지 온 감각을 동원해 정성껏 관찰해야 한다. 그렇게 주어진 관심은 결국 모든 그림이 제 주인을 찾도록 만든다.

나를 그려준 그림을 받아드는 순간은 누구에게나 특별하다. 눈도 코도 없는 외계인 같은 얼굴이 '나'라는 사실을 처음엔 받아들이기 어려워도, 과정을 이해하고 나면 짝꿍에 대한 고마움이 자연스레 생긴다.

"그러고 보니 정말 닮았네요.", "내가 이런 모습이었다니, 신기해요."

자신도 몰랐던 얼굴을 짝꿍이 알아봐 준 것에 감탄하며 웃고, 고마움을 전한다. 우리는 그렇게 조금씩 서로의 '사랑꾼'이 되어간다.

이 사랑은 억지로 표현하지 않아도 전해진다. 꾸미지 않아도 맑고 투명하게 전달된다. **아주 짧은 시간 동안, 눈을 감고 온 감각으로 그려낸 그림이기에 그 어떤 계산도 개입하지 못했기 때문이다.** 그래서일까, 우리는 나이가 들어도 더 맑고 깊은 사랑을 나눌 수 있는 존재가 된다.

느린 손끝으로 전하는 마음

인지활동지도사 과정 중, 나는 종이 한 장을 펼쳐 놓고 말한다. "오늘은 이 종이로 무언가를 접어볼 거예요."

평범한 색종이지만 손끝을 따라가다 보면 어느새 딱지가 되고, 비행기가 되고, 한복이 된다. 그 변화는 마치 기적 같다. 단지 한 장의 평면이었을 뿐인데, 손가락을 몇 번 구부리고 오리고 붙이면 입체가 되고, 감정이 되고, 추억이 된다.

종이접기 시간은 늘 웃음으로 시작해 감동으로 끝난다. 누구나 어릴 적 딱지를 접고 놀던 기억을 간직하고 있다. 우리는 그 시절처럼 종이 딱지를 접어 서로 내기도 하며 놀이에 빠져든다. 큰 원을 만들어 돌아가며 서로의 딱지가 맞닿는 순간, 가슴을 졸이며 쳐다본다.

"와, 넘어갔다!" 딱지가 뒤집히는 순간, 환호성이 터진다. 몸은 나이가 들었지만 마음만큼은 여전히 어린아이처럼 순수하다.

어설프게나마 종이비행기를 날려보기도 한다. 손에 종이를 쥐는 순간, 눈빛이 달라진다. "내가 이걸 접을 수 있을까?" 걱정하던 얼굴은 몇 번의 실수 끝에 "어, 예쁘다"라는 감탄으로 바뀐다. 이루고 싶은 꿈을 비행기에 적어 날리는 순간, 바람을 가르는 종이비행기는 동심을 깨우고 마음을 따뜻하게 한다.

가장 인기 있는 종이접기 대상은 단연 '한복'이다. 여러 장의 종이를 정성스럽게 맞추고 접다 보면 곱디 고운 저고리와 치마가 완성된다. 손끝이 꼼꼼해지는 이 과정에서 제자들은 자연스럽게 집중하고 몰입한다. 속도는 느리지만, 그 느림 속에서 조용한 즐거움이 피어난다. 거칠게 살아오느라 잊고 지낸 '정성들이는 시간'이 그 순간 되살아난다.

한복을 다 접고 나면, 우리는 종이 한복에 작은 이름표를 붙인다. 그날의 한복 주인공이 정해지는 순간이다. 어떤 날은 나의 어린 시절 이름을 붙이고, 어떤 날은 곁에 있는 소중한 사람의 이름을 적는다. 그리고 그 이름의 주인공에게 문자 한 통을 보낸다.

"당신의 한복을 만들었어요. 사랑해요. 고마워요."

수줍어하던 얼굴에 미소가 번지고, 짧은 문장이 마음의 문을 연다. 어떤 수강생은 아들에게, 어떤 이는 오랜 친구에게, 또 누군가는 배우자에게 문자 한 통을 보낸다. 답장이 오면 눈가가 촉촉해지기도 하고, 아무 말 없이 한복을 바라보다 조용히 웃는 이도 있다. 정성을 담은 손끝이 누군가의 마음을 두드린 것이다.

종이 한 장이 이토록 큰 기쁨을 줄 줄 몰랐다. 그저 무언가를 접는 시간이 이렇게도 위로가 될 줄은 더더욱 몰랐다. 결과물도 아름답지만, 나는 그 과정을 더 사랑한다. 접는 시간 동안 몰입하고,

천천히 나를 다독이고, 누군가를 떠올리며 손끝을 움직이는 일. 그 시간이 쌓여 내 마음도 천천히 접혀간다. **각지고 모난 내 마음의 모서리가 조용히 다듬어진다.**

나는 이제 알고 있다. 느리게 접어가는 시간이 주는 위안, 입체가 되어가는 종이처럼 마음도 살아나는 그 감각. 그리고 다 접은 뒤 "이걸 누구에게 전해줄까?"를 고민하는 그 순간이 얼마나 따뜻한지를.

누군가는 "손이 느려서 잘 못해요"라고 말하지만, 그 느림은 오히려 이 시간에 꼭 필요한 미덕이다. 서둘 필요 없다. 중요한 건 정확한 접힘도, 완벽한 모양도 아니다. 자신만의 리듬으로 천천히 모양을 만들어가는 그 여정 자체가 의미다. 종이가 형태를 갖춰가는 과정은 우리의 삶과도 닮았다. 처음엔 단순하고 무표정한 평면이지만, 누군가의 손길과 마음이 얹히면 점점 이야기를 품게 된다.

종이는 아무 말도 하지 않지만, 우리보다 더 많은 이야기를 전한다. 색감으로 감정을 표현하고, 모양으로 기억을 떠올리게 한다. 직접 만든 무언가를 누군가에게 건넨다는 건 단순한 공예를 넘는 행위다. 그것은 사랑의 전달이고, 존중의 표현이며, 동시에 자신의 존재를 확인받는 과정이기도 하다.

그래서 나는 종이접기를 좋아한다. 손을 움직이는 동안 뇌는 깨어나고, 마음은 가라앉고, 정서는 말없이 흐른다. 잘하려고 애쓰지 않아도 좋다. 예쁘지 않아도 괜찮다. 중요한 건 종이를 접는 '그 시간'에 마음을 담는 일이다.

우리는 모두 각자의 속도로 접어가고 있다. 나이도, 성격도, 인생도, 모두 다르지만, 종이 한 장 앞에서는 다시 아이가 되고, 장인이 되고, 누군가에게 마음을 전하는 사람이 된다.

종이는 가볍지만, 그 위에 담긴 마음은 결코 가볍지 않다.

소름이라는 감정의 언어

"빨간 원피스를 입으니 평소보다 더 아름다우세요. 마치 하얀 눈밭 위에 핀 붉은 장미 한 송이 같아요. 그 눈은 당신의 투명하고 보드라운 피부 같고요." 이런 말을 들은 사람은 아마 그 옷을 자주 입게 될 것이다. 말은 그렇게 사람의 마음을 움직이고, 결국 행동까지 바꾸는 힘을 지녔다.

나는 '휴머니튜드(Humanitude)' 수업 시간에 이 예시를 자주 들려준다. 인간다움에서 비롯된 이 철학은 노인을 대할 때 반드시 필요한 돌봄의 기술이자 태도다. 나이가 들면 자연스레 줄어드는 세 가지가 있다. 눈맞춤, 말 걸기, 스킨십. 그렇게 노인은 조용히 사회에서 밀려나며, '나는 더 이상 필요 없는 존재인가' 하는 고요한 상실 속으로 빠져든다.

노인을 향한 돌봄은 의식적인 연습이 필요하다. 휴머니튜드는 '바라보기', '말하기', '접촉하기', '서기'라는 네 가지 단계를 통해 이 돌봄의 태도를 반복 훈련한다. 그 중 '말하기' 과정을 다듬어 가는 수업이다.

단순히 듣기 좋은 말보다, 구체적인 이미지와 감각을 담은 표현이 마음의 문을 여는 데 훨씬 효과적이다. "예뻐요", "멋져요", "대단해요."처럼 익숙한 칭찬은 따뜻하지만, 때론 마음 깊숙이 스며들지 못한다. 진짜 칭찬은 시각을 넘어 청각, 촉각, 심지어 미각과 후각까지 모든 감각을 동원할 때 비로소 완성된다. 말 속에 나의 '관찰'과 '감각'이 담겨 있을 때, 우리는 비로소 감정을 전할 수 있다.

이 설명이 끝나면 곧바로 실습이 이어진다. 옆에 앉은 짝꿍을 바라보며, 방금 배운 감각의 언어를 직접 전해보는 시간이다. 서로에게 전하고 싶은 칭찬을 글로 써보게 한다. 단순한 훈련이 아니라 감정을 연마하는 연습이다. 쓰면서 마음을 다듬고, 문장을 고치며 차츰 감정에 확신을 더해간다. 강의실은 그렇게 따뜻한 말 한마디 덕분에 금세 부드러운 온기를 찾는다.

"당신이 나를 위해 애써준 모든 순간은 내게 향기로운 꽃다발 같았어요. 그렇게 매일 선물을 받듯 살아오니, 저는 참 아름다운 인생을 살고 있네요."
"당신은 언제나 내 뒤에서 조용히 발걸음을 맞춰주었어요. 당신의 배려는 마치 아침에 끓인 국 한 숟갈처럼 깊고 따뜻해서, 그 맛 덕분에 저는 늘 편안한 하루를 시작할 수 있었어요."

가장 오래 기억에 남는 장면은, 수십 년을 함께 살아온 부부가 서로에게 이런 문장으로 마음을 표현한 순간이다. 내가 조금 다듬은 문장이긴 하지만, 그 안에 담긴 진심만큼은 지워낼 수 없었다. 그 말이 전해지는 순간, 눈물이 고이고, 어깨가 떨릴 만큼 감정이 북받친다. 포옹이 이어지고, 수줍은 웃음 뒤로 서로의 사랑이 흘러나온다.

그 장면들 속에서 나는 늘 다시금 확신하게 된다. 이 단순한 언어의 기술이 얼마나 위대한지를. 누구나 알고 있었지만, 너무 익숙해서 잊고 살던 방법이라는 걸. 공기가 아무렇지 않게 느껴지는 건 우리가 늘 그 속에 있기 때문이다. 말도 그렇다. **익숙함 속에서 그 가치를 망각하지만, 그 소중함을 모르는 사람은 없다. 단지 잊고 있을 뿐이다.**

돌봄의 기술도 마찬가지다. 숨을 쉬듯 자연스럽게, 그 가치를 알고 의식적으로 연습할 필요가 있다. 말은 기술이 아니라 태도다. 온몸에 소름이 돋는 전율은 단지 잘 짜인 문장으로는 완성되지 않는다. 중요한 건, 지금 내 앞에 있는 단 한 사람을 온전히 바라보겠다는 진심, 그 마음 앞에서 자존심을 내려놓는 용기다.

그렇게 말이 시작되면, 반드시 온몸의 언어가 따라온다. "닭살이 돋는 것 같아요."
평소 쉽게 꺼내지 못하던 표현이었기에 몸을 비틀며 소름이 돋았을 것이다. 하지만 그 소름은 불쾌함이 아니라, 말로는 다 담기지 않는 황홀함이었다. 몸이 먼저 알아차린 감동. 그래서 나는 바란다. 이 전율의 순간이 오래도록 기억되기를. 누군가와 연결되고 싶지만 방법을 몰라 망설이는 어느 날, 그 황홀했던 한순간이 다시 마음을 열어주는 열쇠가 되기를.

이 전율을 완성하는 또 하나의 결정적 요소는 '목소리 톤'이다. 나는 강의할 때 일부러 평상시보다 한 톤 높일 때도 있고, 한 톤을 내릴 때도 있다. 옥구슬 굴러가듯 맑지는 않아도 살짝 밝고 생기 있는 톤은 만남과 헤어짐에서 사람의 마음을 끌어당긴다. 또한 허스키하면서도 단단한 목소리는 생각과 마음을 행동으로 나타낼 수 있게 신뢰를 준다.

"대화도 노래하듯 해야 한다." 이 말의 뜻을 수없이 곱씹으며 나는 깨달았다. 노래에는 감정선이 그대로 작용한다. 상한 감정은 토닥토닥 달래듯 낮고 부드럽게 달래주고, 행복한 감정은 살랑살랑 부채질하듯 더 크게 키워주는 목소리라면 어떤 선도 곱디 고운 무늬가 되어 준다. 목소리는 단지 소리가 아니라 감정을 전달하는 파장이다. 누군가를 위로하고, 북돋우고, 다시 하루를 시작하게 하는 에너지가 된다. 목소리에 담긴 감정은 사랑보다 먼저 전해지는 존엄의 첫 언어이다.

나는 마음 하나를 전하기 위해 정성을 다하는 사람이 좋다. 말솜씨나 목소리 때문이 아니라, 그 말을 꺼내기까지 얼마나 마음을 다졌는지, 얼마나 애썼는지가 느껴지기 때문이다. 나 역시도 가르치며 매일 연습한다. 내 앞의 단 한 사람을 향해 마음을 다한 이 말이 그의 몸을 감싸며, 소름이라는 온몸의 언어로 번져가기를 바라고 있다. 그런 진심은 결국 전해질 것이고 우리는 말로 다할 수 없는 황홀함 속으로 조용히 빠져들게 될 것이다.

이름이라는 창고

휴머니튜드 강의를 네 차례로 구성할 때, 나는 그중 두 회를 '의사소통'에 집중한다. 시선, 말, 접촉, 자세 등 어느 하나 중요하지 않은 단계는 없다. 하지만 이 중에도 무의식처럼 자연스레 익혀지는 것이 있고, 몇 번을 반복해도 여전히 낯선 것들이 있다.

강의를 이어가다 보면 단연 가장 어려워하는 구간이 '말하기'다. 예쁜 말을 누구나 듣고 싶어 하지만, 그 예쁜 말을 자연스럽게 건네는 사람은 흔치 않다. 이유는 명확하다. 예쁜 말을 들으며 자라지 못한 세대이기 때문이다. 내 부모 세대만 해도 칭찬은 아이를 버릴까 두려워 아꼈다. "예쁘다"보다 "못났다"가 흔했고, 그것이 사랑의 방식이었다. 그들 역시 자신의 부모를 닮았을 뿐이다. 그렇게 예쁜 말은 세대를 건너며 되물림되지 못했다.

그러다 현대에 이르러서야 우리는 사랑을 '표현하는 법'을 배우기 시작했다. 그래서 나는 강의 중 의사소통기술의 하나로 칭찬법 실습을 진행한다. 이론은 빠르게 지나가지만 실습은 좀처럼 속도를 내지 못한다. 다들 부끄럽고 낯설어하기 때문이다.

"지금부터는 여러분 각자의 이름을 불러보겠습니다. 그리고 그 이름에 '님'을 붙여주세요."

"옥수님~" 내가 먼저 시범을 보이며 부르면 수강생들의 얼굴에 웃음이 번진다. 하지만 그 웃음은 금세 당혹으로 바뀐다. 스스로를 그렇게 부르려니 어딘가 어색한 것이다.

"자, 이번엔 나 자신을 칭찬하며 이름을 불러볼 거예요. 동시에 양팔로 자신을 안아주세요. 이렇게, X자로 감싸듯이." 고개를 갸웃하던 이들이 하나둘 따라 한다.

양팔을 조심스럽게 접고, 머리를 살짝 기울인다. "옥수님, 오늘도 잘했어요.", "옥수님, 참 괜찮아요." 피식, 웃음소리가 퍼진다. 그러다 어느 순간 정적이 찾아온다. 누군가는 눈을 감고, 누군가는 숨을 깊게 들이마신다. 강의실 가득 퍼지는 그 정적은 어쩌면 내면에서 조용히 무언가가 움직이고 있다는 신호일지도 모른다. 그 순간 나는 안다. 지금, 이 강의실 안에 행복이 조용히 내려앉았다는 것을.

나를 칭찬할 수 있는 사람이 비로소 다른 이에게도 사랑을 건넬 수 있다. 그래서 나는 다음 순서로 "가장 가까운 사람의 이름을 떠올려보라"고 말한다. 대부분은 배우자를 떠올린다.

"여러분은 배우자를 뭐라고 부르시나요?", "여보.", "자기야.", "○○아빠.", "○○엄마.", "좋습니다. 그런데 오늘은 특별히, 이름에 '님'을 붙여서 불러보겠습니다.", "'○○야'가 아니라 '○○님' 하고요."

수줍은 웃음이 다시 터지고, 몇몇은 고개를 숙인다. 그리고 한 분이, 조심스레 입을 뗀다.

"○○님… 사랑합니다."

그녀는 작게 읊조렸지만, 그 울림은 강의실 전체를 채우기에 충분했다. 입술이 떨리고, 눈빛이 흔들렸다. 말이 끝나기도 전에 그녀의 눈시울이 붉어졌다. 나는 숨을 삼켰다. 잠시 후 그녀는 작은 목소리로 말했다.

"그 사람은… 지금 제 말을 들을 수 없는 곳에 있어요. 그런데… 그 이름을 부르는 게 어색하진 않았어요. 생전에 서로 자주 불러줬거든요."

그 말을 들은 순간, 내 마음도 함께 뭉클해졌다. 그녀의 입에서 흘러나온 이름은 단순한 호칭이 아니라, 그리움과 사랑, 그리고 수많은 시간의 총합이었다. 그녀의 목소리를 타고 강의실을 맴도는 그 이름은 어느새 우리 모두의 기억을 건드리고 있었다.

한 사람이 태어나 죽을 때까지, 그리고 죽은 후에도 남게 되는 이름이라는 것은 도대체 무엇일까? 그 질문이 오래 머물렀다. 그리고 나는 마침내 이렇게 답하게 되었다.

세상에서 가장 큰 창고는 당신의 이름입니다.
한 사람의 이름을 알게 된 후, 그 이름은 내 삶의 많은 부분을 차지하게 됩니다. 함께 웃고, 걸으며, 슬퍼하고 안아줬던 모든 순간이, 그 이름 하나에 새겨져 있기 때문입니다.

그래서 그 이름을 다시 부르면 목소리는 떨리지만, 마음은 더욱 또렷해집니다. 지금 그 사람이 듣지 못하는 곳에 있다 해도, 그리움은 여전히 그 이름을 향해 길을 냅니다.

오늘 당신 마음속에도 한 사람의 이름이 떠오른다면 그 사람은 분명, 당신이 가진 가장 큰 창고일 것이다. 그 창고에는 언제 꺼내 봐도 좋은 것들만 담겨 있다. 함께 웃던 날의 햇살, 입술에 머물던 따뜻한 말, 다정하게 부르던 이름 한 마디.

휴머니튜드, 그것은 결국 사랑하는 법을 배우는 시간이다. 그리고 말하기는, 그 사랑을 세상으로 꺼내어 보내주는 일이다.

오늘도 나는 잊지 않기 위해, 더 맑아지기 위해, 신나게 놀고 신나게 사랑한다. 언젠가 치매라는 병이 내게 다가올지라도 애써 기억하려 했던 순간들과 더 맑은 마음을 지켜내려 했던 이 노력은 앗아가지 못할 것이다. 온전한 순수함 이었으니까

에필로그

지나온 모든 시간을 끌어안으며

"어떻게 그 돈을 받고 10년 이상을 버틸 수 있었나요?"

요양보호사 양성 과정을 갓 시작한 초임 강사로부터 들은 질문이다. 그는 내 블로그를 종종 들여다본 사람이라, 내가 오랜 시간 이 일을 해왔다는 것을 이미 알고 있었다. 나는 한 치의 망설임도 없이 이렇게 답했다.

"배우자가 경제활동을 계속할 수 있었기에 괜찮았죠."
멋쩍은 웃음이 오갔다. 그것은 더 깊은 이야기를 담기에는 너무 갑작스러운 질문이었다. 하지만 만약 질문이 이렇게 시작되었다면, 내 대답은 달라졌을 것이다.

"그 돈을 받고도 10년 이상 버틸 수 있었던 이유가 무엇이었을까?"
그 이유들이 바로 이 책 안에 담겨 있다.

나는 스물일곱 살 때 요양보호사 양성교재를 처음 펼쳤고, 마흔다섯이 된 지금도 여전히 그 책을 반복해서 읽는다. 그 시간 동안 쌓인 건 단지 강의 경력만이 아니다.

부부 경력 18년차. 어떻게 살아야 서로에게 도움이 되는 배우자가 될 수 있는지를 배웠다. 부모 경력 17년차. 어떤 부모여야 아이들에게 부끄럽지 않은지를 깨달았다. 자식 경력 45년차. 노인이 되어가는 부모에게 어떤 자식이 되어야 할지를 다시 배우고 있다.

그 모든 힌트는 내가 수십 번도 넘게 읽어온 그 책에서 얻은 것들이다. 삶이 힘들어질 때마다 나는 강의 시간에 펼쳐 들었던 교재를 떠올렸다. 교재는 늘 말없이 내게 길을 알려주었다. 이 길을 왜 시작했는지를 다시 상기시키며, 잠시 멈추었던 발걸음을 다시 내딛게 해주었다.

17년 전 강사를 시작했을 때나 지금이나 강의비는 거의 달라지지 않았다. 물가는 오르는데, 강의비는 그대로다. 1년 차 강사나 17년 차 강사나 동일한 대우를 받을 때면, 나는 때때로 납득할 수 없었다. 그래도 나는 그 자리에 남았다. 견딘 것이 아니라 선택한 것이다.

내 남편은 평범한 직장인이다. 누구보다 성실한 아버지이고, 내가 내 이름으로 된 집을 가질 수 있도록 묵묵히 일해 왔다. 나는 그에게 경제적으로 크게 도움이 되지 못했다. 그래서 다짐했다. 돈을 많이 벌 수 없다면, 가진 돈을 현명하게 써야겠다.

아직도 손으로 가계부를 쓰며, 작은 지출에도 마음을 기울인다. 그렇게 다져진 습관은 노후자금에 대한 불안을 조금씩 덜어주었고, 건강하게 오래 일할 수 있는 삶의 전략도 찾아낼 수 있게 해주었다.

아이 셋을 키우며 사춘기를 지나가는 아이, 사춘기 한가운데 있는 아이, 아직 사춘기를 맞을 날이 남은 아이와 함께한다. 부모의 자리가 필요할 때마다 나는 흔들렸다. 부모가 되기 전에 부모 역할을 연습할 기회는 없었으니까. 그럴 때마다 요양보호사 양성교재는 나에게 부모로서의 태도를 가르쳐주었다. 어릴 적 나는 부모님의 손 아래에서 자라지 못했다. 그래서 지금 노인이 된 부모님에게 다가가는 일이 늘 어색했다. 생각은 앞서가지만, 감정과 행동은 뒤처지는 날이 많았다. 하지만 교재는 내게 작은 다리 하나를 내밀어 주었고, 나는 그 다리를 건너며 서서히 가까워지는 법을 배웠다.

이 교재는 단지 요양보호사들만을 위한 책이 아니었다. 내 삶을 돕고, 또 가까운 이의 삶을 지지할 수 있는 길을 안내하는 책이었다.

견딘다는 건 쓰러지지 않기 위해 버티는 것이 아니다. 매 순간을 가볍게 뛰어넘는 것이다.
버티려면 힘이 필요하지만, 뛰어넘으려면 가벼워져야 한다.
두려움을, 걱정을, 욕심을, 어색함을 내려놓을 수 있어야 한다.

비행기가 비상 착륙을 앞두고 연료를 버리는 것처럼 나 역시도 내 삶을 안전하게 착륙시키기 위해 불필요한 무게들을 하나씩 덜어내야 했다. 그 과정을 통해 나는 가벼워지는 전략들을 배웠고, 그 전략들이 내 삶을 든든하게 채워주었다. 그래서 나는 지금도 조금 더 안전하게,

조금 더 지혜롭게 살아가고 있다.

　돈을 많이 벌거나 명예를 얻는 직업도 물론 멋지다. 그러나 그런 길을 가지 못했다고 해서 결코 실패한 사람이 아니다. 나에게 필요한 건 돈이나 명예보다 삶의 지혜였다.

　각자에게 주어진 복은 다르다. 나는 운명론을 믿지는 않지만, 복의 형태는 사람마다 다르다는 사실만큼은 받아들인다. 그리고 나에게 주어진 복은, 요양보호사 양성강사로 살아가는 이 시간이었다.

　한 권의 책을 백 번 넘게 읽어도 질리지 않았고, 같은 문장을 수십 번 다시 읽을 때마다 새로운 깨달음이 찾아왔다. 이 책을 앞으로 몇 번 더 읽게 될지는 모르지만, 분명한 건 그 끝에서 조금 더 아름다워진 나 자신을 마주할 거라는 것이다.

　왜 이 길을 걷고 있냐고 묻는다면 나는 이렇게 답하고 싶다.

　"조금씩 더 아름다워지는 나를 만나는 시간이 좋았거든요."

간호사의 진짜 이야기를 담다

-포널스 에세이 북 리스트-

- 간호사1인분만할게요/ 이승희(2023). 포널스.
- 간호사가이던스/ 한동수(2021). 포널스.
- 간호사독서모임해봤니/ 김민지, 전은영, 최서연, 최영림(2019). 포널스.
- 간호사바라던바~다/ 권수민(2021). 포널스.
- 간호사, 무드셀라처럼/ 하민영(2023). 포널스.
- 간호사가사는세상/ 정현선(2019). 포널스.
- 간호사라는이름으로/ 김경숙(2019). 포널스.
- 간호사부/ 손인혜(2021). 포널스.
- 간호사타임즈의간호사/ 간호사타임즈(2024). 포널스.
- 간타의간호사/ 간호사타임즈(2022). 포널스.
- 감정을돌보는간호사/ 손지완(2022). 포널스.
- 꿈을간호하는간호사/ 조원경(2019). 포널스.
- 극한직업/ 이정열(2019). 포널스.
- 낭만간호사/ 송상아(2022). 포널스.
- 뉴질랜드간호사되기/ 장수향(2018). 포널스.
- 몽골땅에쏟은향기로운봉사/ 윤매옥(2024). 포널스.
- 미국부자간호사가난한간호사/ 이지원(2024). 포널스.
- 사막을달리는간호사/ 김보준(2019). 포널스.
- 선넘는간호사- 보건관리자로선넘다/ 최예신(2025). 포널스.
- 선넘는간호사- 호주간호사로선넘다/ 강은진(2025). 포널스.
- 선넘은간호사- 보건교사로선넘다/ 정지윤, 박소영, 이미선, 채서윤(2025). 포널스.

- 선넘은간호사- 해외간호사로선넘다/ 신슬예(2025). 포널스.
- 수간호사어때?/ 여상은(2021). 포널스.
- 신규간호사노가리/ 하혜진(2024). 포널스.
- 신규간호사안내서/ 노은지(2019). 포널스.
- 실버간호사의골든메모리/ 함채윤(2023). 포널스.
- 시작은간호사입니다만,/ 신보혜(2023). 포널스.
- 아이씨유간호사- ICU 간호사-/ 유세웅(2020). 포널스.
- 전담간호사가 필요해/ 함성준(2025). 포널스.
- 예비간호사수다집/ 모형중외(2019). 포널스.
- 응급실간호사/ 임진경(2021). 포널스.
- 워킹간호사/ 김진선(2020). 포널스.
- 국제간호사길라잡이/ 김미연(2019). 포널스.
- 국제간호사두바이편/ 송원경(2021). 포널스.
- 국제간호사미국편/ 정해빛나(2021). 포널스.
- 국제간호사사우디, 조지아편/ 김소미(2022). 포널스.
- 국제간호사호주(탈임상)편/ 윤보혜(2024). 포널스.
- 국제간호사호주편/ 손정화(2020). 포널스.
- 태어난김에국제간호사/ 간호사타임즈(2024). 포널스.
- 초음파사탐구생활/ 염진영(2021). 포널스.
- 빌런간호사/ 박세인(2024). 포널스.